잠언과 성찰
Maxims & Reflections

잠언과 성찰

초판 1쇄 | 2010년 12월 6일
    4쇄 | 2019년 3월 10일

지은이 | 라 로슈푸코
옮긴이 | 이동진
펴낸곳 | 해누리
펴낸이 | 김진용

편집주간 | 조종순
마케팅 | 김진용

등록 | 1998년 9월 9일(제16-1732호)
등록 변경 | 2013년 12월 9일(제2002-000396호)

주소 | (07265) 서울특별시 영등포구 당산로 20길 13-1 지층
전화 | 02) 335-0414   팩스 | 02) 335-0416
E-메일 | heanuri0414@naver.com

ⓒ 이동진, 2010

ISBN 978-89-6226-021-2 (03890)

※ 무단전재와 무단복제를 할 수 없습니다.
※ 잘못된 책은 구입하신 서점에서 교환하여 드립니다.

잠언과 성찰
Maxims & Reflections

라 로슈푸코 지음 | 이동진 옮김

해누리

| 머리말 |

옮긴이가 말하는 자기 성찰

나의 키는 보통인데 체격은 좋고 균형이 잡혔다. 안색은 짙은 편이지만 색조는 매우 고르다. 이마는 높고 상당히 넓다. 눈은 작고 깊이 들어갔으며 눈동자는 검다. 검은 눈썹은 숱이 많고 잘 생긴 형태다. 내 코에 관해서 말하기는 쉽지가 않다. 들창코도 아니고 매부리코도 아니며 살찌지도 않았고 코끝이 뾰족하지도 않다. 적어도 나는 그렇게 생각한다. 내가 아는 것이라고는 내 코가 작은 편이 아니라 큰 편이고 아래로 조금 너무 내려와 있다는 것뿐이다.

입은 크고 입술은 대개 붉은 편이다. 잘 생기지도 않고 못 생긴 것도 아니다. 이는 희고 치열은 비교적 고른 편이다. 나는 턱이 조금 큰 편이라는 말을 들었다. 방금 거울을 들여다보면서 내 턱이 정말 그러한지 살펴보았는데 큰 것인지 어떤지 자신이 서지 않는다.

내 얼굴에 관해서 말하자면 사각형이 아니면 원형인데 어느 쪽에 속하는지는 단언하기 어렵다. 머리카락은 검고 원래 곱슬머리인데 숱이 매우 많고 길이도 매우 길어서 내 머리를 장식하는 좋은 머리카락이라고 말할 수 있다.

나의 표정은 약간 우울하고 오만하게 보인다. 그래서 나 자신은 조금도 남을 경멸하지 않는데도 불구하고 대부분의 사람들은 내가 남을 경멸한다고 여긴다. 나의 몸동작은 자유롭다. 심지어 너무 자유로워서 말을 할 때 몸동작을 매우 많이 한다.

이것은 내가 나 자신의 외관에 대해 솔직하게 관찰한 것이다. 그리고 사람들은 이것이 실제의 나 자신과 그리 다르지 않다고 깨달을 것이라고 나는 믿는다. 그리고 나 자신의 다른 요소들에 관해서도 똑같이 성실하게 다룰 것이다. 왜냐하면 나는 나 자신을 잘 파악하기 위해 충분히 고찰했고, 내가 구비한 장점들을 공공연하게 서술할 확신이 없는 것도 아니며, 단점들을 솔직하게 인정하는 성실성이 결여된 것도 아니기 때문이다.

우선 나의 기질에 관해서 말하자면, 나는 우울하다. 그래서 지난 3년 내지 4년 동안 나는 서너 번밖에는 웃는 모습을 다른 사람들에게 보이지 않았다. 그러나 나의 우울함이 오로지 기질에서만 유래하는 것이라면 쉽게 참아줄 만하고 경미한 것이지만, 대부분의 우울함이 다른 원천에서 유래하고 나의 상상력을 장악하며 내가 극도로 신경을 쓰도록 만들기 때문에 말 한 마디 없이 백일몽에 잠기거나 나 자신이 하는 말에 아무런 관심도 없이 대부분의 시간을 보낸다.

나는 낯선 사람들을 매우 과묵하게 대하는가 하면, 심지어 내가 잘 아는 대부분의 사람들에 대해서조차 그다지 허심탄회하게 대하지 않는다. 이것이 잘못이라는 것은 나도 안다. 이것을 고치기 위해 어떠한 노력도 아끼지 않을 작정이다. 그러나 내 표정의 어떤 우울한 분위기가 내가 실제보다 한층 더 과묵한 것처럼 보이게 만들기 때문에, 또한 얼굴의 선천적 구조에서 유래하는 불쾌한 표정은 우리 자신도 어쩔 수가 없기 때문에, 내가 속으로는 나의 잘못을 고쳤다 해도 밖으로는 불쾌한 흔적이 여전히 남을 것이다.

나는 재치가 있다. 말하는 것은 나에게 어렵지 않다. 재치에 관해서 수줍은 척한들 무슨 소용이 있는가? 자신의 장점을 지나치게 완곡하고 애매하게 말하는 것은 내가 보기에 겸손의 가면 뒤에 약간의 허영심을 숨기는 짓이다. 또한 그것은 남들이 자기가 말하는 것보다 더 좋게 자기를 평가하도록 만드는 교묘한 술책이다.

나로서는 내가 말한 것보다 더 훌륭한 사람으로 여겨지지 않아도 좋고, 내가 스스로 드러낸 것보다 더 좋은 기질의 소유자로 여겨지지 않아도 좋으며, 실제보다 더 재치 있고 합리적이라고 평가되지 않아도 좋다. 다시 말하지만, 나는 재치가 있지만 나의 재치는 우울증에 눌려 있는 것이다. 왜냐하면 내가 비록 말을 잘하고 기억력이 좋으며 사물들에 대해서도 혼동하지 않고 명료하게 생각할 수 있다 해도, 슬픈 심정에 너무 젖어 있기 때문에 내가 말하고 싶어하는 것을 매우 서투르게 표현하는 경우가 많다.
점잖은 사람들의 대화는 내가 가장 좋아하는 즐거움 가운데 하나다. 나는 진지한 대화, 도덕에 관한 주제를 주로 다루는 대화를 좋아한다. 그러면서도 유쾌한 대화를 즐기는 취향도 있다. 그리고 내가 사람들을 웃기는 사소한 농담을 그리 많이 하지 않는다면, 그것은 남이 재치 있게 말하는 사소한 농담의 가치를 과소평가하기 때문도 아니고, 머리 회전이 빠르고 말이 유창한 사람이 멋지게 늘어놓는 우스갯소리를 즐길 줄 모르기 때문도 아니다.
나는 산문을 잘 쓴다. 시도 잘 쓴다. 산문이나 시로 명성을 얻을 생각이 있다면 나는 매우 애쓰지 않아도 상당한 명성을 얻을 수 있다고 생각한다. 나는 광범위한 독서를 좋아한다. 정신을 연마하고 영혼을 강화시키는 내용이 든 책읽기를 가장 좋아한다. 무엇보다도 나는 총명한 사람과 함께 독서하는 것을 가장 좋아한다. 왜냐하면 이러한 방식의 독서는 내가 읽고 있는 내용을 항상 음미하게 만들고, 그 결과 세상에서 가장 즐겁고 가장 유용한 대화를 준비할 수 있도록 해주기 때문이다.
나는 남들이 내게 보여주는 산문과 시를 매우 잘 평가한다. 그러나 아마도 나의 의견을 약간은 너무 자유롭게 드러내는지도 모른다. 나에게는 한 가지 결점이 더 있는데 그것은 내가 때로는 너무 세심하게 파고들고 너무 가혹하게 비판한다는 것이다. 사실 나는 다른 사람들의 논쟁에 귀를 기울이는 것을 싫어하지 않고 논쟁에 자진해서 끼어드는 경우도 많다. 그러나 나의 의견을 너무 열성적으로 주장하는가 하면, 다른 사람이 나의 의견에 반대되는 부당한 의견을 주장할 때 나는 가끔 합리적 주장을 너무나도 열성적으로 옹호하는 나머지, 나 자신이 매우 비합리적으로 변하기도 한다.

나는 감정이 고상하고 선천적으로 선한 것에 이끌리는 경향이 있으며, 모든 면에서 명예로운 사람이 되기를 바라는 열망이 매우 강하다. 따라서 친구들이 나의 결점들을 진지하게 지적해줄 때 나는 가장 큰 기쁨을 느낀다. 나를 잘 아는 사람들, 그리고 가끔 나의 결점들을 지적해주는 성의를 베푼 사람들은 내가 최대한으로 즐거워하면서, 그리고 그 누구보다도 더 진심으로 복종하는 자세로 그러한 충고를 내가 항상 받아들인다는 것을 알 것이다.

나의 모든 열정은 매우 온화하고 매우 잘 통제되어 있다. 그래서 사람들은 내가 격분하는 것을 결코 본 적이 없고 나는 다른 사람을 미워해 본 적이 없다. 그러나 모욕을 받는다면, 그리고 받은 모욕에 대해 원한을 표시하는 것에 나의 명예가 걸려 있다면 내가 보복을 못할 리도 없다. 오히려 증오보다는 의무감에 더 이끌려서 나는 다른 그 누구보다도 더 맹렬하게 보복의 방도를 추구할 것이다.

야심은 나를 조금도 괴롭히지 못한다. 나는 아무것도 두려워하지 않고 죽음마저 조금도 두려워하지 않는다. 동정심에는 그다지 이끌리지 않고, 나에게 동정심이 전혀 없기를 차라리 바란다. 그러나 불행한 사람들을 위로하기 위해서라면 무슨 일이든지 모두 해주려고 한다. 사실 나는 우리가 불행한 사람들을 위해 가능한 모든 것을 해주어야만 하고, 심지어 극도의 동정심마저 표시해야만 한다고 믿는다. 왜냐하면 불행한 사람들은 너무나도 어리석어서 동정심의 표시가 그들에게는 세상에서 가장 큰 이익을 가져다주기 때문이다.

그러나 동시에 나는 우리가 동정심의 표시로 만족해야만 하고 우리 자신이 동정심을 느끼지는 않도록 조심해야 한다고 믿는다. 동정심이란 건전한 정신의 사람에게는 아무 소용도 없는 열정이다. 그것은 마음을 약하게 만들 뿐이다. 이성에 따라서는 아무것도 하지 않는, 따라서 어떤 행동을 취하도록 자극을 받기 위해서는 열정의 도움이 필요한, 일반 사람들에게 그것을 맡겨두지 않으면 안 된다.

나는 친구들을 좋아한다. 친구들을 너무나도 좋아하기 때문에 그들의 이익을 위해서라면 나의 이익을 희생하기를 잠시도 주저하지 않을 것이다. 나는 그들에게 관대하다. 그들의 나쁜 기질을 잘 참아주고 그들이 하는 모든 것을 쉽게 용납한다. 그러나 나의 호감을 그다지 드러내지는 않고 그들이 내 곁에 없다고 해서 별로 초조해지지 않는다.

나는 다른 사람들의 호기심의 대상이 되는 것들의 대부분에 대해 선천적으로 호기심을 거의 느끼지 못한다. 나는 매우 은밀하다. 그래서 다른 사람이 나를 신뢰하여 말해준 내용에 대해 침묵을 지키는 일은 다른 어떠한 사람의 경우보다도 나에게는 더 쉽다. 나는 내가 한 말에 대해서는 철저하게 책임을 진다. 내가 한 약속의 결과가 어떠한 것이든 상관없이 나는 약속을 지킨다. 그리고 이것을 평생 동안 철칙으로 삼고 있다.

나는 여자들을 극도로 정중하게 대한다. 나는 그들을 괴롭힐 수 있는 말을 그들 앞에서 한 적이 전혀 없다고 믿는다. 여자들이 총명한 경우 나는 그들의 대화를 남자들의 대화보다 더 좋아한다. 여자들의 대화에는 남자들의 대화에 없는 어떤 부드러운 면이 있다. 게다가 내가 보기에 여자들은 한층 더 명료하게 자기 생각을 표현하고 자기가 말하는 대상을 한층 더 즐거운 것으로 만드는 듯하다.

연애에 관해 말하자면 나는 과거에 여러 번 경험했다. 그러나 내가 아직 젊다고 해도 더 이상 연애는 하지 않는다. 여자의 환심을 사려고 애쓰는 짓을 나는 포기했다. 그리고 너무나도 많은 숫자의 점잖은 사람들이 아직도 그런 짓에 몰두하여 시간을 보내고 있는 데 대해 놀라지 않을 수 없다.

나는 고상한 열정들을 전적으로 인정한다. 고상한 열정들은 영혼의 진정한 위대성을 드러내는 징표다. 그러한 열정들이 초래하는 불안이 어떤 면에서는 엄격한 지혜와 상반되다 해도, 열정들 자체는 다른 면에서 가장 엄격한 미덕에 매우 적합한 것이기 때문에 비난을 받을 이유가 전혀 없다고 나는 생각한다. 극치에 이른 사랑의 감정이 얼마나 강하고 미묘한 지 잘 아는 나로서는, 만일 사랑에 빠진다면, 열정적으로 사랑에 빠질 것이다. 그러나 현재의 나 자신은 원래 이렇게 형성된 것인 만큼, 사랑에 대해 내가 아는 이 지식이 나의 정신으로부터 마음으로 이전될 것이라고는 결코 생각하지 않는다.

2010년 11월
이동진

Contents

머리말 | 옮긴이가 말하는 자기 성찰 • 4

Part 1 잠언 (1~504) • 15

Part 2 초판본 이후 저자가 철회한 잠언 (1~84) • 151

Part 3 저자가 죽은 뒤 알려진 잠언 (1~66) • 181

Part 4 성찰 • 201

1. 진실 • 202
2. 사교(社交) • 206
3. 외모와 태도 • 211
4. 대화 • 215
5. 신뢰 • 218
6. 사랑과 바다 • 223
7. 모범 • 225
8. 질투의 불확실성 • 228
9. 사랑과 인생 • 230

Contents

10. 취향 · 233
11. 사람과 동물의 관계 · 236
12. 각종 질병의 원인 · 239
13. 허위 · 241
14. 자연과 운명이 만들어내는 전형들 · 245
15. 바람난 여자들과 늙은이들 · 252
16. 정신의 서로 다른 유형들 · 256
17. 변덕 · 262
18. 은퇴 · 265
19. 현재의 각종 사건 · 268
20. 마담 몽테스팡 · 287
21. 레츠 추기경 · 290
22. 리슐리외 추기경의 생애 초기단계 · 294
23. 아르쿠르 백작 · 298

라 로슈푸코 연보 · 300
내용별 상세항목 찾아보기 · 302
독자 자신이 말하는 자기 성찰 · 310

Part 1

잠언 (1~504)

#1

우리가 미덕이라고 여기는 것들은 우연 또는 우리 자신의 술책 때문에 미덕으로 통하게 되는 각종 행동과 이해타산의 집합에 지나지 않는 경우가 많다. 남자들이 용감한 것은 용기라는 미덕을 지녔기 때문에 언제나 그러한 것도 아니고, 여자들이 정숙한 것은 정숙함이라는 미덕을 지녔기 때문에 언제나 그러한 것도 아니다.

#2

이기심은 모든 아첨꾼들 가운데 가장 뛰어난 아첨꾼이다.

#3

이기심의 영역에서는 본인이 자신의 실체를 아무리 많이 깨닫는다 해도 그가 깨닫지 못하고 있는 것들은 여전히 많이 남아 있다.

#4

이기심은 세상에서 가장 교활한 자보다 한층 더 교활하다.

#*5*

우리의 열정들이 지속되는 기간은 우리의 목숨이 지속되는 기간과 마찬가지로 우리에게 좌우되지 않는다.

#*6*

열정은 가장 영리한 자를 바보로 만드는 경우가 많은가 하면, 가장 어리석은 자를 영리한 자로 만드는 경우도 많다.

#*7*

정치가들은 사람들의 눈을 현혹시키는 찬란한 위업들을 마치 원대한 계획에서 나온 결과인 양 보여주지만, 대개는 그들의 기질과 열정의 소산이다. 그러니까 옥타비아누스(아우구스투스 황제)와 안토니우스 사이의 전쟁은 그들이 세계의 지배자가 되려는 야망 때문에 벌어진 것이라고 하지만, 어쩌면 질투가 초래한 것에 불과한지도 모른다.

#*8*

오로지 열정만이 언제나 설득에 성공하는 유일한 웅변가다. 열정은 절대로 실패할 리가 없는 법칙들을 구비한 선천적인 웅변술과 같다. 그래서 말솜씨가 가장 모자라는 사람도 어느 정도 열정을 품고 있는 경우에는 말솜씨가 가장 뛰어나지만 열정이 전혀 없는 사람보다 더 큰 설득력을 발휘한다.

#9

열정들은 불의와 사리사욕을 내포하고 있어서 그것들을 따르는 일은 위험하다. 따라서 열정들이 가장 합리적으로 보이는 경우마저도 우리는 그것들을 불신하지 않으면 안 된다.

#10

사람의 마음속에서는 열정들이 끊임없이 발생하게 마련이다. 그래서 한 가지 열정이 소멸되면 거의 언제나 다른 열정이 자리 잡는다.

#11

열정은 그것과 상반되는 다른 열정을 낳는 경우가 많다. 인색함이 때로는 낭비를 낳고 낭비는 인색함을 낳는다. 또한 우리는 나약하기 때문에 단호해지고 비겁하기 때문에 대담해지는 경우가 많다.

#12

우리가 경건함과 명예의 위장으로 열정들을 감추려고 아무리 세심하게 애써도 사람들은 위장망을 통해서 그것들을 항상 들여다볼 수 있다.

#13

우리의 이기심은 우리 의견보다는 취향이 비난받을 때 한층 더 안달하면서 상처를 받는다.

#14

사람들은 자기가 받은 은혜와 모욕을 잊어버리기 쉬울 뿐만 아니라, 심지어는 자기에게 은혜를 베푼 사람들을 미워하는가 하면, 자기를 모욕한 사람들을 더 이상 미워하지 않기도 한다. 선행에 대해 보답하고 악행에 대해 복수하려고 애쓰는 일이 그들에게는 조금도 내키지 않는 고역으로 보인다.

#15

군주의 관대함은 민심을 확보하기 위한 정책에 지나지 않는 경우가 많다.

#16

사람들이 미덕으로 여기는 군주의 이러한 관대함이란 때로는 허영에서, 때로는 게으름에서 나오는가 하면, 두려움에서 나오는 경우도 많다. 그리고 거의 대부분의 경우에는 이 세 가지 요인이 모두 작용해서 나오는 것이다.

#17

행복한 사람들이 자제하는 것은 행운이 그들의 기질을 평온하게 가라앉혔기 때문이다.

#18

사람들이 자제하는 것은 행복에 도취되어 버린 사람들이 받아 마땅한 시기와 경멸을 자기가 받게 되지는 않을까 두려워하기 때문이다. 그것은 정신의 힘을 공연히 과시하는 짓이다. 끝으로, 성공과 출세의 절정에 도달한 사람들이 자제하는 것은 자신이 행운보다 더 큰 역할을 하는 듯이 남들에게 보이기를 바라기 때문이다.

#*19*

우리는 누구나 남의 고통을 참고 견딜 만한 힘은 충분히 지니고 있다.

#*20*

현자들의 확고부동한 태도는 자기 마음속의 동요를 밖으로 드러내지 않는 기술에 불과하다.

#*21*

사형 선고를 받은 사람들이 때로는 확고부동하고 죽음을 경멸하는 척하는데, 사실은 죽음을 두려워하는 데 불과하다. 따라서 눈가리개가 그들의 두 눈을 가리듯이 이러한 확고부동한 태도와 경멸은 그들의 정신을 눈멀게 한다고 말할 수 있다.

#22

철학은 이미 지나간 불행과 앞으로 닥칠 불행을 쉽게 극복한다. 그러나 현재의 불행은 철학을 이긴다.

#23

죽음이 무엇인지 아는 사람은 거의 없다. 사람들은 일반적으로 단호한 결의로 죽는 것이 아니라 어리석음과 관습 때문에 죽는다. 대부분의 사람은 죽음을 피할 수가 없기 때문에 죽는 것이다.

#24

위대한 인물들이 장기간의 불운에 시달리다가 낙담하는 경우, 영혼의 힘이 아니라 오로지 야망의 힘으로만 불운을 참고 견디어 왔다는 사실을 드러낸다. 동시에, 허영심이 극도로 강하다는 것을 제외하면 영웅들이 다른 사람들과 똑같다는 사실도 드러낸다.

#25

사람은 불운보다 행운을 견디어 내는 데 더 우수한 미덕들이 필요하다.

#*26*

사람은 태양도 죽음도 줄곧 응시하기가 불가능하다.

#*27*

우리는 우리의 열정들, 심지어 가장 심하게 범죄적인 열정마저도 자랑스럽게 여기는 경우가 많다. 그러나 질투심은 아무도 감히 인정하려고 하지 않는, 비겁하고 수치스러운 열정이다.

#*28*

시기심은 어느 면에서는 정당하고 합리적이다. 왜냐하면 그것은 우리에게 속한 것 또는 우리에게 속한다고 우리가 믿는 것을 보유하려는 목적만 지니기 때문이다. 반면에 질투심은 다른 사람들이 가지고 있는 것을 용납할 수 없는 격분이다.

#*29*

우리가 저지르는 악행들보다는 우리의 장점들이 박해와 증오를 우리에게 더 많이 초래한다.

#30

우리는 의욕에 비해 더 많은 능력을 지니고 있다. 그래서 어떤 일들이 불가능하다고 생각하는 것은 흔히 의욕의 결핍에 대해 스스로 핑계를 대고 싶기 때문이다.

#31

우리에게 아무런 결점도 없다면, 다른 사람들의 결점을 알아채는 일을 이토록 몹시 즐기지는 않을 것이다.

#32

질투는 의혹으로 유지된다. 그래서 우리가 의혹에서 벗어나 확실하게 알게 된다면, 그 순간 질투는 격노로 변하거나 소멸한다.

#33

오만은 모든 것에 대해 어떤 보상을 항상 찾아낸다. 심지어 허영심을 버릴 때마저도 잃는 것이 전혀 없다.

#*34*

우리는 자신이 오만하지 않다면 다른 사람들의 오만을 비난하지 않을 것이다.

#*35*

모든 사람은 똑같이 오만하다. 다만 그것이 겉으로 드러나는 수단과 방법만이 서로 다를 뿐이다.

#*36*

자연은 우리를 행복하게 만들어주기 위해 육체의 모든 기관을 이토록 정교하게 배치했다. 그런데 우리가 자신의 불완전함을 알고 괴로워하는 일은 없도록 해주기 위해서 오만도 아울러 부여한 듯하다.

#*37*

잘못을 저지르는 사람들에게 우리가 훈계할 때 선의보다는 오만이 더 크게 작용한다. 우리가 훈계하는 목적은 그들의 잘못을 시정해주려는 것이라기보다 우리 자신은 그러한 잘못을 저지르지 않는다는 사실을 그들에게 납득시키는 것이다.

#*38*
우리는 우리 자신의 희망에 따라 약속하고, 우리가 품은 두려움 때문에 그것을 지킨다.

#*39*
사리사욕은 모든 종류의 말을 지껄이고, 모든 종류의 사람의 역할, 심지어 이해관계를 떠난 공정한 사람의 역할마저도 수행한다.

#*40*
사리사욕은 어떤 사람들의 눈은 멀게 하지만 어떤 사람들의 눈은 뜨게 만든다.

#*41*
사소한 일에 지나치게 매달리는 사람들은 일반적으로 큰일을 할 수 없게 된다.

#42
우리는 우리의 이성을 전폭적으로 따라갈 힘이 충분하지 않다.

#43
사람은 자신이 끌려가고 있을 때 흔히 스스로 끌고 간다고 믿는다. 그래서 정신은 어느 한쪽 방향을 그에게 제시하는 반면에, 마음은 자기도 모르게 그를 다른 쪽으로 끌고 간다.

#44
정신이 강하다거나 약하다고 하는 말은 그 용어 자체가 잘못된 것이다. 그것은 사실 육체의 기관들이 좋은 상태에 있거나 나쁜 상태에 있는 것에 지나지 않는다.

#45
우리 기질의 변덕은 오히려 운명의 변덕보다 더 괴상하다.

#*46*

삶에 대해 철학자들이 애착심을 품었거나 냉담했던 것은 그들의 이기심의 취향에 불과했다. 따라서 용어에 대한 취향이나 색깔들의 선택과 마찬가지로 그것은 더 이상 논란이 되어서는 안 된다.

#*47*

우리의 기질은 운명이 우리에게 초래하는 모든 것에 그 가치를 부여한다.

#*48*

행복은 취향에 달린 것이지, 사물들 자체에 달린 것이 아니다. 우리가 행복한 것은 자기가 좋아하는 것을 가지고 있기 때문이지, 다른 사람들의 마음에 드는 것을 가지고 있기 때문은 아니다.

#*49*

우리는 자신이 상상하는 것만큼 그렇게 행복하거나 불행한 것은 결코 아니다.

#*50*

자기에게 어떤 장점이 있다고 믿는 사람들은 자신이 불행한 상태에 있는 것을 명예로 여긴다. 그 목적은 자신이 운명의 시련을 받을 자격이 있다고 다른 사람들과 자기 자신에게 납득시키려는 데 있다.

#*51*

우리가 한 때 수긍하던 것을 다른 때에는 부정하는 것을 보는 경우보다 자기 자신에 대해 느끼는 만족감을 더 심하게 감소시키는 것은 전혀 있을 수가 없다.

#*52*

우리 각자의 운명이 아무리 서로 다르게 보인다고 해도, 결국은 행운과 불운이 어느 정도 서로 보상해주어서 모든 운명을 똑같은 것으로 만든다.

#*53*

자연이 영웅들에게 베푸는 유리한 점이 아무리 많다 해도, 자연이 홀로 영웅들을 만드는 것이 아니라 운명이 자연과 함께 영웅들을 만든다.

#54

재물에 대한 철학자들의 경멸은 자신의 공적을 무시한 운명의 부당한 처사에 대해 복수하려는 숨겨진 욕망이었다. 그들은 운명이 자기들로부터 박탈한 바로 그 재물을 경멸함으로써 복수하려 했던 것이다. 이러한 경멸은 그들이 가난 때문에 비천한 상태로 전락하는 것을 막아주는 비결이었다. 또한 재물을 통해서는 그들이 얻을 수 없었던 존경을 얻는 우회적인 길이었다.

#55

총애를 받는 사람들에 대한 증오는 총애에 대한 사랑에 불과하다. 우리는 총애를 받지 못하는 데 대한 원통함을 총애를 받는 사람들에 대한 경멸을 통해 달래고 완화시킨다. 또한 우리는 그들에게 존경을 표시하기를 거부한다. 왜냐하면 그들이 다른 모든 사람들의 존경을 받도록 해주는 그 총애를 그들에게서 박탈할 수 없기 때문이다.

#56

사회적 지위를 확보하기 위해 우리는 상당한 지위를 이미 확보한 듯이 보이려고 자기가 할 수 있는 일은 모두 한다.

#57

사람들이 자신의 위대한 행동에 대해 아무리 자부한다고 해도, 그것은 흔히 거창한 계획의 결과가 아니라 우연의 결과일 뿐이다.

#58

우리 행동들은 행운의 별 또는 불운의 별을 가지고 있는 듯하다. 그래서 우리 행동에 대한 사람들의 칭찬이나 비난의 대부분은 이러한 별들의 덕분에 달려 있다.

#59

아무리 불행한 일이라 해도, 현명한 사람들이 거기서 어떤 이익을 취하지 못할 정도로 그렇게 철저히 불행한 일은 없다. 또는 아무리 다행한 일이라 해도, 어리석은 사람들이 거기서 자신의 손해를 초래할 수 없을 정도로 그렇게 완벽하게 다행한 일은 없다.

#60
운명은 모든 것을 자신이 총애하는 사람들에게 유리하도록 만든다.

#61
사람들의 행복과 불행은 운명뿐만 아니라 그들의 기질에도 똑같이 달려 있다.

#62
솔직하다는 것은 마음을 열어 허심탄회한 것이다. 솔직한 사람을 만나 볼 기회는 거의 없다. 그래서 일반적으로 솔직하다고 보이는 것은 다른 사람들의 신뢰를 얻으려는 교묘한 위장에 불과하다.

#63
거짓말에 대한 혐오는 흔히 우리의 증언의 신빙성을 높이고 다른 사람들이 우리의 말을 종교에 대한 것처럼 극도로 존중하게 만들려는 은밀한 야심이다.

#64

진실처럼 보이는 것이 세상에 초래하는 나쁜 결과에 비하면 진실 자체가 세상에 초래하는 좋은 결과는 그보다 훨씬 적다.

#65

신중함에 대해서 사람들은 어떠한 찬사도 아끼지 않는다. 그러나 신중함은 가장 사소한 사태마저도 우리에게 보장해줄 수 없을 것이다.

#66

영리한 사람은 자신의 각종 이익의 순서를 정하고 그 순서에 따라 모든 일을 처리한다. 탐욕은 흔히 이 순서를 교란하여 우리로 하여금 한꺼번에 많은 일에 매달리게 만든다. 그래서 우리는 가장 사소한 것들을 지나치게 탐내기 때문에 가장 중요한 것들을 놓치고 만다.

#67

예의와 육체의 관계는 건전한 상식과 정신의 관계와 같다.

#68

사랑을 정의하기는 어렵다. 굳이 말하자면, 그것은 영혼 안에서는 지배하려는 열정이고, 정신 안에서는 호감이며, 육체 안에서는 자기가 사랑하는 것을 많은 신비한 과정을 거친 끝에 소유하려는, 은밀하고 미묘한 욕구에 불과하다.

#69

우리의 다른 열정들이 전혀 섞이지 않은 순수한 사랑이 있다면, 그것은 우리 마음속 깊이 숨겨진 것, 심지어 우리 자신도 모르는 것이다.

#70

사랑할 때 사랑을 숨기기 위해 오랫동안 위장할 수 없고, 사랑하지 않을 때 사랑하는 척하기 위해 오랫동안 위장할 수도 없다.

#71

지금은 더 이상 서로 사랑하지 않는 사람들 가운데 과거에 한 때 서로 사랑했던 사실을 부끄럽게 여기지 않는 사람은 거의 없다.

#72

사랑을 그 대부분의 효과로 판단한다면, 그것은 우정보다 증오와 더 비슷하다.

#73

사람들은 정사(情事)의 체험이 전혀 없는 여자들은 만나볼 수 있다. 그러나 정사를 오로지 단 한 번만 체험한 여자를 만나는 경우는 드물다.

#74

사랑은 오로지 한 가지뿐이다. 그러나 사랑의 서로 다른 모조품은 수천 가지나 된다.

#75

불과 마찬가지로 사랑도 지속적인 작용이 없이는 존속할 수 없다. 그래서 기대를 걸거나 두려워하는 작용을 멈추면 즉시 소멸해 버리고 만다.

#76

참된 사랑이란 유령들의 출현과 같다. 누구나 유령들의 출현에 관해 이야기를 하지만 그것을 직접 본 사람은 거의 없다.

#77

무수한 남녀관계가 사랑의 관계라고 불리며 사랑 때문에 맺어지는 것이라고 한다. 그러나 베네치아 공화국의 국가원수인 도제 Doge가 그곳에서 일어나는 일들과 아무 상관이 없는 것과 마찬가지로 사랑도 남녀관계와 상관이 없다.

#78

대부분 사람의 경우, 정의에 대한 사랑은 자신이 불의한 일을 당하지나 않을까 두려워하는 것에 불과하다.

#79

자신감이 없는 사람에게는 침묵이 가장 안전한 방책이다.

#80

우리의 우정이 이토록 쉽게 변하는 이유는 영혼의 특성들은 알기가 어렵고 마음의 특성들은 알기가 쉽기 때문이다.

#81

우리는 자신과 관련되는 것 이외에는 아무것도 사랑할 수 없다. 그래서 우리는 자기 자신보다도 친구들을 더 좋아하는 경우에도 자신의 취향과 즐거움을 추구하고 있는 것에 지나지 않는다. 그럼에도 불구하고, 자기 자신보다는 친구들을 더 좋아하는 경우에만 우정은 참되고 완전한 것이 될 수 있다.

#82

우리가 적과 화해하는 것은 우리의 여건을 더 유리하게 만들려는 욕구, 전쟁에 대한 싫증, 그리고 어떤 불리한 사태에 대한 두려움에 불과하다.

#83

사람들이 우정이라고 부르는 것은 교제에 불과하고, 이해관계의 상호조절에 불과하며, 호의를 주고받는 것에 불과하다. 사실 이것은 이기심이 무엇인가 이득을 얻으려고 항상 기대하는 관계에 불과하다.

#84

친구들을 불신하는 것은 친구들에게 속는 것보다 더 수치스러운 일이다.

#85

우리는 자기보다 세력이 더 강한 사람들을 좋아한다고 흔히 확신한다. 그러나 우리의 우정을 성립시키는 것은 오로지 사리사욕뿐이다. 우리가 그들에게 헌신하는 것은 그들에게 혜택을 베풀어 주고 싶어서가 아니라 그들로부터 혜택을 받고 싶어 하기 때문이다.

#86

우리의 불신은 다른 사람들이 우리를 속이는 짓을 정당화한다.

#*87*

사람들은 속기 잘하는 얼간이가 서로 되어주지 않는다면 함께 어울려서 오랫동안 살려고 하지 않을 것이다.

#*88*

이기심은 우리가 친구들로부터 받는 만족감에 비례하여 우리가 발견하는 그들의 장점들을 증가 또는 감소시킨다. 게다가 우리는 그들이 우리와 어울려 지내는 방식을 기준으로 삼아 그들의 가치를 판단한다.

#*89*

누구나 자신의 기억력에 대해 불평한다. 그러나 자신의 판단력에 대해서는 아무도 불평하지 않는다.

#*90*

일상적인 교제에 있어서 우리는 흔히 자신의 장점들보다는 단점들을 통해서 남들을 더 즐겁게 해준다.

#91

가장 큰 야망은 그것이 바라는 바의 달성이 전혀 불가능한 상황에 처하면 조금도 야망처럼 보이지 않는다.

#92

자만심에 도취된 사람이 환상에서 깨어나도록 해주는 일은 항구에 들어오는 모든 배가 자기 것이라고 믿었던 아테네 출신의 저 바보가 착각에서 깨어나도록 해주었던 것과 마찬가지로 가혹한 짓이다.

#93

노인들은 유익한 교훈을 주기를 좋아한다. 그것은 자기가 나쁜 본보기를 더 이상 남길 수 없다는 사실로 자신을 위로하려는 것이다.

#94

대단한 명성을 얻은 사람이 그것을 유지할 줄 모르는 경우, 그의 신망은 올라가기는커녕 오히려 낮아진다.

#95

비범한 실력의 증거는 그것을 가장 심하게 시기하는 사람들이 칭찬하지 않을 수 없게 만드는 데 있다.

#96

어떤 사람들의 배은망덕에 대해서는 은혜를 베푼 사람들의 탓이 그들 자신의 탓보다 더 큰데, 은혜를 입은 그러한 자들이 바로 배은망덕한 자다.

#97

정신과 판단력이 전혀 다른 것이라고 믿는다면 그것은 착각이다. 판단력이란 정신의 방대한 빛에 불과하다. 정신의 빛은 모든 사물의 밑바닥까지 침투하고, 주목할 가치가 있는 모든 것을 거기서 주목하며, 인식이 불가능한 듯 보이는 것들도 모두 인식한다. 따라서 우리는 일반적으로 판단력에 속한다고 여겨지는 모든 효과가 정신의 빛이 비추는 범위 안에서 발생하는 것이라고 수긍한다.

#*98*

누구나 자신의 마음에 대해서는 칭찬을 늘어놓는다. 그러나 자신의 정신에 대해 감히 칭찬을 늘어놓으려는 사람은 아무도 없다.

#*99*

정신의 예절이란 점잖고 고상한 일들을 생각하는 데 있다.

#*100*

정신의 친절이란 상대방의 비위에 맞는 이야기를 상대방의 비위에 맞는 방식으로 말해주는 것이다.

#*101*

어떤 일들은 정신이 매우 애써서 이룰 수 있는 것보다 더 잘 이루어진 형태로 우리 머릿속에 떠오르는 경우가 많다.

#*102*

정신은 언제나 마음에게 속기 잘하는 얼간이다.

#103

자신의 정신을 아는 사람이 모두 자신의 마음을 아는 것은 아니다.

#104

사람이든 일이든 제각기 그것이 가장 잘 보이는 거리가 있다. 어떤 경우에는 가까운 거리에서 보아야만 판단을 잘할 수가 있는가 하면, 다른 경우에는 멀리서 바라보지 않으면 판단을 잘할 수가 없다.

#105

합리적인 사람이란 합리적인 것이 우연히 자기에게 알려진 사람이 아니라, 그것을 알고, 그것을 식별하고, 그것을 좋아하는 사람이다.

#106

사물들을 잘 알려면 그 세부적인 사항들을 알아야만 한다. 그러나 세부적인 사항들은 거의 무한하기 때문에 우리의 지식은 언제나 피상적이고 불완전하다.

#107
자신은 결코 교태를 부리지 않는다고 다른 사람들에게 알리는 것은 그 자체가 일종의 교태를 부리는 짓이다.

#108
정신은 마음의 역할을 오랫동안 수행할 수 없다.

#109
젊은이들은 뜨거운 혈기 때문에 자신의 취향을 바꾸고 늙은이들은 습관 때문에 그것을 보존한다.

#110
우리는 충고만큼 그렇게 후하게 남에게 베푸는 것은 하나도 없다.

#*111*

애인을 사랑할수록 우리는 그녀를 미워할 시기에 더욱 가까워진다.

#*112*

정신의 결함들은 얼굴의 결함들과 마찬가지로 나이가 들수록 증가한다.

#*113*

그런대로 잘 된 결혼의 경우들은 있다. 그러나 감미로운 결혼의 경우는 하나도 없다.

#*114*

적들에게 속고 친구들에게도 배신을 당하면 아무것도 우리를 위로할 수 없다. 그러나 자기 자신에게 속고 배신을 당하면 우리는 흔히 만족한다.

#115

다른 사람들을 본인도 모르게 속이기는 어렵다. 반면에, 우리는 자기도 모르게 자기 자신을 속이기는 쉽다.

#116

충고를 요청하고 충고를 해주는 방식보다 더 정직하지 못한 것은 없다. 충고를 요청하는 사람은 자기 친구의 의견을 공손하게 존중하는 듯이 보인다. 그러나 사실 그는 친구가 자신의 의견에 찬성하고 자기 행동을 보증하도록 만들려고 궁리할 뿐이다. 또한 충고를 해주는 사람은 상대방이 자기를 신뢰해준 데 대해 이해관계를 떠난 극도의 열성으로 보답한다. 그러나 사실 대부분의 경우에는 자기가 해주는 충고 속에서 자기 자신의 사리사욕이나 영예를 추구하는 데 불과하다.

#117

모든 술책 가운데 가장 교활한 것은 다른 사람들이 우리 앞에 파놓은 함정에 떨어지는 척 할 줄 아는 것이다. 그리고 우리는 남들을 속이려는 의도를 품을 때야말로 자신이 가장 쉽게 속는다.

#*118*

남을 절대로 속이지 않겠다는 의도를 품을 때 우리는 남에게 속을 위험에 자주 노출된다.

#*119*

우리는 남들을 대할 때 위장하는 일에 너무 익숙해져서 결국 자기 자신을 대할 때에도 위장한다.

#*120*

우리는 다른 사람들을 배신하려고 미리 세운 계획에 따라 배신하는 경우보다는 자신의 나약함 때문에 배신하는 경우가 더 많다.

#*121*

우리는 처벌 받지 않은 채 악행을 저지를 수 있기 위해서 자주 선행을 한다.

#122

우리가 열정을 억제한다면 그것은 우리의 힘이 강해서가 아니라 열정이 약해서 그러한 경우가 더 많다.

#123

결코 자만하지 않는다면 우리는 즐거움도 거의 누리지 못할 것이다.

#124

가장 영리한 사람들은 어떤 중대한 기회에, 또한 어떤 큰 이익을 위해 술책을 부리려는 속셈 때문에 평생 바로 그 술책을 비난하는 척하면서 산다.

#125

어떤 사람이 평소에 늘 술책을 부린다면 그것은 그가 하찮은 자라고 하는 증거다. 그리고 술책을 부려서 한 곳에서 자기를 위장하는 사람이 다른 곳에서 폭로되는 일은 거의 일어나고 있다.

#126

술책과 배신은 수완의 결핍 때문에 초래되는 것에 불과하다.

#127

남들에게 속는 확실한 길은 자기 자신이 남들보다 한 수 위라고 믿는 것이다.

#128

너무 지나친 섬세함은 거짓 세련됨이다. 진정한 세련됨은 적절한 섬세함이다.

#129

교활한 사람에게 속지 않기 위해서는 무례한 태도를 취하는 것으로 충분할 때가 더러 있다.

#130

나약함은 우리가 고칠 수 없는 유일한 결점이다.

#131
성교에 몸을 내맡긴 여자들의 가장 작은 잘못은 바로 성교행위다.

#132
자기 자신을 위해 현명한 것보다는 남들을 위해 현명한 것이 더 쉽다.

#133
우수한 모조품들이란 오로지 졸렬한 원본들의 우스꽝스러운 상태를 우리에게 폭로해주는 것들뿐이다.

#134
우리가 실제로 지닌 재능들은 우리에게 없는 데도 지닌 척하는 재능들처럼 그렇게 심한 조롱을 초래하지는 않는다.

#135

우리는 다른 사람들과 다른 것처럼 때로는 자기 자신과도 다르다.

#136

사랑에 관한 이야기를 전혀 들어보지 못했더라면 사랑에 결코 빠지지도 않았을 사람들이 세상에는 있다.

#137

허영이 말을 부추기지 않으면 우리는 말을 거의 하지 않는다.

#138

우리는 자기 자신에 관해서 침묵하기보다 험담하기를 더 좋아한다.

#139

대화할 때 합리적이고 상대방의 마음에 드는 듯이 보이는 사람들이 별로 없는데, 그 이유들 가운데 하나는 다른 사람이 자기에게 한 말에 대해 정확하게 대답하려고 하기보다는 자기가 하고 싶은 말을 더 열심히 생각하지 않는 사람이 거의 없기 때문이다. 가장 능숙하고 또 가장 붙임성이 좋은 사람들은 단순히 상대방의 말을 주의 깊게 듣는 듯이 보일 뿐이다. 그러나 우리가 그들의 눈과 표정을 살펴보면 그들이 상대방의 말을 건성으로 듣는가 하면 자기가 하고 싶은 이야기로 다시 돌아가고 싶어서 초조하다는 것을 알 수 있다. 오히려 그들은 자기만족을 그토록 애써서 추구하는 것이 다른 사람들을 기쁘게 하거나 설득하기 위해서는 졸렬한 수단이라는 것, 그리고 남의 말을 잘 듣고 대답을 잘 하는 것이 우리가 대화에서 발휘할 수 있는 가장 탁월한 재능들 가운데 하나라는 것을 숙고해야만 한다.

#140

재치 있는 사람은 천치들이 주변에 없을 때 매우 당황해 하는 경우가 많다.

#141

우리는 혼자 있어도 결코 지루하지 않다고 자주 자랑한다. 그것은 우리가 허영심이 매우 강해서 지루한 무리와 어울리기를 바라지 않는 것이다.

#142

탁월한 정신의 소유자들은 말을 매우 적게 하면서도 많은 내용을 피력하는 능력이 있다. 반면에 편협한 정신의 소유자들은 말을 많이 하면서도 아무것도 피력하지 않는 재주가 있다.

#143

우리가 다른 사람들의 재능을 과장해서 칭찬하는 것은 그들의 재능을 높이 평가하기보다는 오히려 자기 자신의 의견을 높이 평가하기 때문이다. 그래서 그들의 재능을 칭찬하는 듯이 보일 때 자기 자신이 칭찬받기를 바라고 있다.

#144

우리는 남을 칭찬하기를 좋아하지 않으며, 자기에게 돌아오는 이익이 없는 한 결코 남을 칭찬하지 않는다. 칭찬은 능란하고 은밀하고 교묘한 아첨이며, 칭찬하는 사람과 칭찬받는 사람을 서로 다른 방식으로 만족시킨다. 칭찬받는 사람은 자신의 재능에 대한 보상으로 그것을 받아들이고, 칭찬하는 사람은 자신의 공정함과 식견에 다른 사람들이 주목하도록 만들기 위해 남을 칭찬해준다.

#145
우리는 자기가 칭찬하는 사람들의 결점들을 간접적으로 드러내 보이는 칭찬, 즉 속에 독을 품고 있는 형식의 칭찬을 자주 선호한다. 그러한 결점들은 우리가 다른 식으로는 감히 폭로하려고 하지 못하는 것이다.

#146
우리는 대개 자신이 칭찬받기 위해서만 남을 칭찬한다.

#147
자기를 해치는 칭찬보다 자기에게 유익한 비난을 더 좋아할 만큼 매우 현명한 사람은 거의 없다.

#148

세상에는 칭찬하는 질책이 있는가 하면 비방하는 칭찬도 있다.

#149

칭찬을 사양하는 것은 칭찬을 두 번 받고 싶어하는 욕심이다.

#150

남들의 칭찬에 대해 우리가 그것을 받을 만한 자격을 갖추고 싶어 한다면, 그러한 욕구는 우리의 미덕을 강화한다. 또한 재능, 용기, 미모에 대한 칭찬은 그러한 것들을 증가시키는 데 기여한다.

#151

남들을 지배하려는 욕망보다는 남들에게 지배당하지 않으려는 욕망을 억제하기가 더 어렵다.

#152

우리가 자만심에 빠져 있지 않는 한, 다른 사람들의 아첨은 우리를 해칠 수 없을 것이다.

#153
자연은 재능을 만들어내고 운명은 그것을 발휘시킨다.

#154
운명은 이성이 바로잡지 못하는 우리의 여러 가지 결점들을 교정한다.

#155
자신의 재능으로 남을 불쾌하게 만드는 사람들이 있는가 하면, 자신의 결점들로 남을 기쁘게 해주는 사람들도 있다.

#156
재능이라고는 어리석은 언행을 자기에게 유리하게 하는 것밖에는 없는 사람들이 있다. 그들은 달리 행동한다면 모든 것을 망쳐 버리고 말 것이다.

#157

위대한 사람들의 영예는 그것을 얻기 위해 그들이 사용한 수단에 비추어 항상 평가되어야만 한다.

#158

아첨은 우리의 허영심에 의해서만 통용되는 위조 화폐다.

#159

탁월한 재능들은 구비하는 것만으로는 충분하지 않고, 적절하게 사용할 줄도 알아야만 한다.

#160

아무리 눈부신 행동이라 해도 탁월한 계획의 결과가 아닌 한 결코 위대한 행동으로 여겨져서는 안 된다.

#161

우리가 계획에서 가능한 한 가장 좋은 결과들을 얻고 싶다면 우리 행동은 계획과 어느 정도 균형을 이루어야만 한다.

#162
평범한 재능들을 잘 이용할 줄 아는 기술은 세상 사람들을 속여서 존경을 받고, 탁월한 재능의 경우보다 자주 더 큰 명성을 얻는다.

#163
우스꽝스럽게 보이기는 하지만 그 숨겨진 동기가 매우 현명하고 매우 확고한 행동은 무수히 많다.

#164
자기가 현재 하고 있는 일들에 적합한 인물로 보이기보다는 자기가 하고 있지 않는 일들에 적합한 인물로 보이는 것이 더 쉽다.

#165
우리는 재능에 의해 점잖은 사람들의 존경을 받고, 행운에 의해 일반 대중의 존경을 받는다.

#166

세상은 실제로 재능이 있는 사람들보다는 재능이 있는 듯이 보이는 사람들을 더 자주 포상한다.

#167

후한 인심보다는 인색함이 절약과 한층 더 상반된다.

#168

아무리 철저하게 우리를 속인다 해도 희망은 적어도 편안한 길을 따라 우리가 인생의 종점에 이르도록 인도해준다.

#169

게으름과 비겁함 때문에 우리가 의무를 계속 수행하는 동안 우리의 미덕은 자주 모든 영예를 차지한다.

#170

떳떳하고 성실하며 정직한 태도가 청렴결백의 결과인지, 아니면 능수능란함의 결과인지는 판단하기 어렵다.

#171

강줄기들이 바다에 들어가면 사라지듯 미덕들도 사리사욕에 빠지면 사라진다.

#172

권태의 여러 가지 효과들을 면밀히 검토해 본다면, 우리는 사리사욕보다도 권태가 의무 불이행을 더 많이 일으킨다는 사실을 알게 될 것이다.

#173

호기심에는 여러 종류가 있다. 하나는 사리사욕에서 나오는 것인데, 무엇이 우리에게 유용한 것이 될 수 있는지 알고 싶어하는 욕망을 일으킨다. 또 하나는 오만에서 나오는 것, 즉 남들이 모르는 것을 알고 싶어 하는 욕망에서 나오는 것이다.

#174

앞으로 닥칠 수도 있는 불행들을 우려하기보다는 현재 닥치는 불행들을 참고 견디는 일에 전념하는 것이 더 낫다.

#175

사랑에 있어서 확고부동이란 영원한 변덕이다. 확고부동은 우리 마음을 애인의 모든 특징들에 연속적으로 얽매이게 만들어, 이번에는 이러한 특징을 더 좋아하고 다음번에는 다른 특징을 더 좋아하게 한다. 따라서 확고부동이란 오로지 한 가지 특징에만 국한되어 매달리는 변덕에 불과한 것이다.

#176

사랑에 있어서 확고부동에는 두 가지 종류가 있다. 하나는 애인을 사랑하는 새로운 이유들을 우리가 애인 안에서 끊임없이 찾아내는 데서 유래하는 것이다. 또 하나는 확고부동한 상태를 우리가 자랑스럽게 여긴다는 사실에서 나오는 것이다.

#177

끝까지 참고 견디는 것은 비난도 칭찬도 받아 마땅한 것이 아니다. 왜냐하면 그것은 우리가 버릴 수도 없고 획득할 수도 없는 취향과 감정의 지속에 불과하기 때문이다.

#178

우리가 새로 사귄 친구들을 좋아하는 이유는 옛 친구들에 대해 싫증을 느끼거나 친구들을 바꾸는 데서 즐거움을 느끼기 때문이 아니다. 오히려 그것은 우리를 너무나도 잘 아는 사람들로부터 충분한 존경을 받지 못해서 불쾌하게 여기는가 하면, 우리를 별로 잘 알지 못하는 사람들로부터 한층 더 존경을 받기를 바라기 때문이다.

#179

우리는 친구들에 대해서 가끔 경솔하게 불평하는데, 그것은 우리 자신의 경솔함에 대해 미리 핑계를 대려는 것이다.

#180

우리의 후회는 우리가 저지른 잘못에 대한 유감이라기보다는 우리에게 닥칠 수 있는 그 결과에 대한 두려움이다.

#181

변덕 중에는 정신의 경솔함이나 나약함에서 나오는 것이 있는데, 이러한 경우 정신은 다른 사람들의 모든 의견을 받아들인다. 또한 한층 더 변명의 여지가 있는 변덕이 있는데 이것은 어떤 사물들에 대한 싫증에서 나오는 것이다.

#182

독이 치료약의 성분에 침투하듯이 악덕들은 미덕들의 성분에 침투한다. 신중함은 이 두 가지를 한데 모으고 조절하여 인생의 재앙들에 대해 효과적으로 사용한다.

#183

사람들의 가장 큰 불행은 범죄 때문에 그들에게 닥치는 불행이라는 사실을 우리는 미덕을 존중하는 뜻에서 수긍하게 된다.

#184

우리가 자신의 결점을 인정하는 것은 그것이 초래하는 다른 사람들의 악평을 자신의 솔직함으로 막아보려는 것이다.

#185

영웅들은 선행의 경우와 마찬가지로 악행의 경우에도 있다.

#186

우리는 악덕이 있는 사람을 모두 경멸하지는 않는다. 그러나 미덕이 없는 사람은 모두 경멸한다.

#187

악덕들이 사리사욕을 도모하는 데 유용하듯이 미덕의 이름도 그러하다.

#*188*

정신의 건강은 육체의 건강과 마찬가지로 그다지 확실하게 보장되는 것은 아니다. 그래서 우리가 열정들을 멀리해서 안전하게 보인다 해도 열정에 휩쓸려 갈 위험은 건강하다고 느낄 때 병이 들 위험에 못지않다.

#*189*

자연은 사람이 태어날 때부터 각자에게 미덕들과 악덕들의 한도를 정해준 듯이 보인다.

#*190*

위대한 사람들만이 중대한 결점들을 지닐 수 있다.

#*191*

악덕들은 우리가 연속적으로 투숙해야만 하는 여관들의 주인들처럼 인생길에서 우리를 기다리고 있다고 말할 수 있다. 같은 길을 두 번 걸어가는 것이 허용된다면 우리가 체험을 통해 그것들을 피할는지는 의심스럽다.

#192

악덕들이 우리를 떠날 때, 우리는 자기 자신이 그것들을 떠났다고 믿으면서 자만한다.

#193

육체의 질병들이 재발하는 것과 마찬가지로 정신의 질병들도 재발한다. 우리가 완치라고 여기는 것은 대부분의 경우 일시적 소강상태 또는 다른 질병에 걸린 것에 불과하다.

#194

정신의 결함들은 육체의 상처들과 같다. 그것들은 우리가 치유하려고 아무리 애를 써도 눈에 보이는 흔적을 항상 남기는가 하면 언제든지 재발할 위험도 있다.

#195

우리가 한 가지 악덕에만 매달리지 못하게 막아주는 것은 우리에게 여러 가지 악덕이 있다는 사실인 경우가 많다.

#196

우리는 자신의 잘못들을 혼자만 알고 있을 때에는 쉽게 잊어버린다.

#197

어떤 사람들의 악행을 보지 않고서는 우리가 그들의 악행을 결코 믿을 수 없는 그러한 사람들은 있다. 그러나 어떤 사람의 악행을 본다고 해서 우리가 반드시 놀라야만 하는 그러한 사람은 아무도 없다.

#198

우리는 어떤 사람들의 영예를 깎아내리기 위해서 다른 사람들의 영예를 추켜올린다. 그래서 루이 14세 때의 반란군 지도자 콩데 Conde 공과 왕당파 지도자 튀렌Turenne 원수 양쪽을 아무도 비난하기 싫어한다면, 때로는 양쪽이 칭송을 덜 받을 것이다.

#199

영리한 듯이 보이려는 욕망은 우리가 실제로 영리하게 되는 것을 자주 막는다.

#200
허영심이 미덕의 동반자가 되지 않는다면 미덕은 그리 멀리 걸어가지 않을 것이다.

#201
세상의 모든 사람 없이도 혼자 힘만으로 충분하다고 믿는 사람은 자기를 심하게 속인다. 그러나 자기 없이는 다른 사람들이 아무것도 할 수 없다고 생각하는 사람은 한층 더 심하게 자기를 속인다.

#202
사이비 정직한 사람들이란 자신의 결점들을 위장하여 다른 사람들과 자기 자신에게 감추는 사람들이다. 진정으로 정직한 사람들이란 자신의 결점들을 철저히 잘 알고 고백하는 사람들이다.

#203

진정으로 정직한 사람이란 아무것도 뽐내지 않는 사람이다.

#204

여자들의 쌀쌀함은 자신의 아름다움에 추가하는 장신구와 화장이다.

#205

여자들의 정숙함은 자신의 평판과 평온한 삶에 대한 사랑이다.

#206

정직한 사람들의 감시를 항상 받기를 바라는 사람이야말로 참으로 정직한 사람이다.

#207

어리석은 짓은 평생 우리를 따라 다닌다. 어떤 사람이 현명한 듯이 보인다면, 그것은 그의 어리석은 짓들이 그의 나이와 처지가 적절히 보조를 맞추기 때문일 뿐이다.

#208
세상에는 자신 자신을 잘 알고, 자신의 어리석음을 영리하게 이용하는 사람들이 있다.

#209
어리석은 짓을 전혀 하지 않고 사는 사람은 자기가 믿는 것만큼 그렇게 현명하지는 않다.

#210
우리는 늙어갈수록 더욱 어리석어지고, 또한 더욱 현명해진다.

#211
어떤 사람들은 잠시 동안만 애창되는 유행가와 유사하다.

#212

대부분의 사람들은 다른 사람들을 그들의 인기나 재산에 의해서만 판단한다.

#213

명예욕, 수치에 대한 두려움, 많은 재산을 모으려는 계획, 편안하고 즐겁게 살려고 하는 욕구, 그리고 다른 사람들을 깎아내리고 싶어하는 욕망 등은 사람들이 극도로 칭찬하는 용기의 원인이 되는 경우가 많다.

#214

일반 사병들에게 있어서 용기란 자신의 생계를 유지하기 위해 그들이 스스로 선택한 위험한 직업이다.

#215

완전한 용기와 철저한 비겁함은 사람들이 극히 드물게 도달하는 양 극단이다. 이 두 가지 사이의 공간은 매우 광대하고 거기에는 다른 모든 종류의 용기가 들어 있는데, 사람마다 용모와 기질이 서로 다르듯이 이러한 각종 용기도 서로 다르다.

어떤 사람들은 전투가 시작될 때에는 기꺼이 위험을 무릅쓰지만 전투가 지속됨에 따라 긴장을 풀고 쉽게 낙담한다. 또 어떤 사람들은 명예에 관한 세상의 일반적 기준을 충족시킨 것으로 만족한 채 그 이상은 거의 아무것도 하지 않는다.

한편 우리는 공포심을 언제나 한 결 같이 억제하지는 못하는 사람들도 본다. 어떤 사람들은 군대 전체에 갑자기 발생한 극도의 공포에 때로는 자기 자신도 사로잡혀 버린다. 또 어떤 사람들은 자기 위치에 감히 혼자 남아 있지 못해서 돌격에 가담한다.

어떤 사람들은 사소한 위험을 무릅쓰는 습관 때문에 더욱 용기를 가다듬는가 하면 더 큰 위험을 무릅쓸 각오가 되어 있다. 어떤 사람들은 칼로 싸울 때는 용감하지만 소총 전투는 두려워한다. 반면 소총 전투에 대해서는 자신이 있지만 칼로 싸우는 것은 두려워하는 사람들도 있다.

서로 다른 종류의 이 모든 용기는 한 가지 공통점이 있다. 즉, 두려움을 증가시키며 용감한 행동이든 비겁한 행동이든 모두 보이지 않게 가리는 어둠은 모든 사람에게 각자 자기 몸을 아껴서 조심스럽게 행동할 자유를 준다는 것이다. 게다가 모든 사람이 조심스럽게 행동하는, 한층 더 보편적인 다른 이유가 또 있다. 그것은 자기가 살아서 돌아올 것이라고 확실히 아는 경우에 취할 수 있는 모든 행동을 전투에서 실제로 취하는 사람은 우리가 단 한 명도 볼 수 없기 때문이다. 따라서 죽음에 대한 공포가 용기를 어느 정도 감소시킨다는 것은 분명하다.

#216

완전한 용기란 모든 사람들 앞에서 자기가 할 수 있는 일을 증인이 전혀 없어도 하는 데 있다.

#217

대담성이란 정신의 비범한 힘이다. 이 힘은 중대한 위험에 직면할 때 정신 안에 야기될 수 있는 동요, 혼란, 충격 등에 대해 정신이 초연한 태도를 취하도록 만든다. 바로 이 힘 때문에 영웅들은 가장 놀랍고 가장 무시무시한 사태에 직면해서도 평온한 태도를 견지하고 냉철한 이성을 자유롭게 활용할 수 있게 된다.

#218

위선은 악덕이 미덕에게 표시하는 경의다.

#219

전투할 때 대부분의 사람들은 자신의 명예를 지키기 위해서는 위험을 충분히 무릅쓴다. 그러나 자신이 위험을 무릅쓰면서 수행하는 작전을 성공시키는 데 필요한 만큼 기꺼이 위험을 무릅쓰려는 사람은 거의 없다.

#220

허영, 수치감, 그리고 특히 기질이 흔히 남자들의 용기와 여자들의 정숙함을 초래한다.

#221

우리는 자기 목숨은 잃기 싫어하고 영예는 얻기를 바란다. 따라서 소송에서 자기 재산을 지키려고 애쓸 때의 사기꾼들보다는 죽음을 피하려고 애쓸 때의 용감한 사람들이 솜씨와 재능을 한층 더 발휘한다.

#222

노년기의 징조가 처음 나타날 때 자신의 육체와 정신의 어느 곳이 쇠퇴하게 마련인지를 드러내지 않는 사람은 하나도 없다.

#223

감사하는 마음은 상인들의 신의와 똑같은 측면이 있다. 즉, 상인들의 신의는 거래를 유지시킨다. 그리고 우리는 부채의 상환이 옳기 때문에 빚을 갚는 것이 아니라, 우리에게 돈을 빌려줄 사람들을 더 쉽게 만나기 위해 갚는 것이다.

#224

보은의 의무를 이행하는 모든 사람은 은혜를 갚는다고 해서 자기가 진심으로 고맙게 여긴다고 자만할 수 있는 것은 아니다.

#225

우리가 남에게 혜택을 베풀었을 때 기대 이하의 감사를 받아 실망하는 이유는 혜택을 베푸는 사람과 받는 사람이 각자의 자존심 때문에 그 혜택의 가치에 관해 의견의 일치를 볼 수 없기 때문이다.

#226

보은의 의무를 이행하려고 지나치게 서두르는 것은 일종의 배은망덕이다.

#227

운이 좋은 사람들은 자기 잘못을 고치는 경우가 드물다. 행운이 그들의 나쁜 행동을 지지해줄 때 그들은 자기가 옳다고 항상 믿는다.

#228

자존심은 빚지기를 원하지 않고 이기심은 갚기를 원하지 않는다.

#229

우리가 어떤 사람에게서 받은 혜택은 그가 우리에게 끼치는 손해를 감수하라고 요구한다.

#*230*

본보기처럼 전염성이 매우 강한 것은 없다. 그리고 우리가 엄청난 선행을 하거나 엄청난 악행을 저지르면 반드시 모방행위를 유발하게 마련이다. 우리는 경쟁심 때문에 선행을 모방하는가 하면, 수치심이 가두어 두었지만 본보기가 풀어놓는, 우리 본성의 악의 때문에 악행을 모방한다.

#*231*

자기 혼자만 현명해지기를 바라는 것은 극도로 어리석은 짓이다.

#*232*

우리의 슬픔에 대해 어떠한 구실을 붙이든 그것을 초래하는 것은 흔히 사리사욕과 허영심뿐이다.

#*233*

슬픔에는 여러 종류의 위선이 있다. 그 가운데 하나는 우리에게 소중한 사람을 잃어서 애도한다는 구실 아래 자기 자신을 위해서 우는 것이다. 우리는 우리에 대한 그의 호감의 상실을 애석하게 여긴다. 또한 우리의 안락함, 즐거움, 명성이 줄어들어서 운다. 따라서 죽은 사람은 살아 있는 사람들을 위해서만 흘려지는 눈물로 애도된다. 나는 이것이 일종의 위선이라고 말한다. 왜냐하면 이러한 종류의 슬픔에서 우리는 자기 자신을 속이기 때문이다.

또 다른 종류의 위선이 있는데, 이것은 모든 사람에게 감명을 주려고 애쓰는 것이기 때문에 상당히 악의적인 것이다. 이것은 아름답고 영원한 비탄의 영광을 열망하는 어떤 사람들의 슬픔이다. 모든 것을 삼켜버리는 시간이 그들이 실제로 겪은 슬픔을 종식시킨 뒤에도 그들은 울고 한탄하고 한숨 쉬는 일을 완강하게 계속한다.

그들은 비탄의 주인공 역할을 하고, 자신의 비탄은 오로지 자기가 죽어야만 끝날 것이라고 모든 행동을 통해서 남들을 설득하려고 애쓴다. 처량할 뿐만 아니라 사람을 피곤하게 만드는 이러한 허영은 대개 야심이 많은 여자들에게서 발견된다. 여자들에게는 영광에 이르는 모든 길이 막혀 있는 만큼 그들은 위로가 불가능한 슬픔을 과시하여 유명해지려고 애쓰는 것이다.

또 다른 종류의 눈물이 있는데, 이것은 쉽게 넘쳐흐르고 쉽게 말라 버리는 작은 샘에서만 나오는 것이다. 사람들은 다정한 사람이라는 평판을 얻기 위해서 울고, 동정을 받기 위해서 울며, 다른 사람들이 자기를 동정하여 울어주기를 바라기 때문에 울며, 끝으로 말하자면, 울지 않는다는 비난을 받지 않기 위해서 운다.

#234

우리가 가장 널리 지지를 받는 의견을 매우 완고하게 반대하는 것은 흔히 이해력의 부족 때문이라기보다는 자존심 때문이다. 우리는 많은 사람들이 이미 앞좌석들을 차지하고 있는 것을 본다. 그런데 뒷좌석들 가운데 어느 하나도 앞좌석을 원하지 않는 것이다.

#235

친구들의 불명예가 그들을 위해 우리의 우정을 드러낼 기회를 줄 때 우리는 친구들의 불명예에 대해 쉽게 안도감을 느낀다.

#236

이기심은 호의라는 것에게 잘 속는 얼간이처럼 보인다. 또한 우리가 다른 사람들의 이익을 위해서 일할 때 이기심은 자기 이익을 잊어버린 듯이 보인다. 그러나 이기심은 그 목적을 달성하는 데 가장 안전한 길을 가고 있다. 베풀어준다는 구실 아래 이자를 얹어서 빌려주고 있다. 이것은 결국 교묘하고 세련된 방법으로 모든 사람을 장악하는 것이다.

#237

사악해질 능력이 없다면 아무도 자신의 호의에 대해 칭찬받을 자격이 없다. 다른 모든 종류의 호의는 대개 게으름 또는 의지력의 결핍에 불과하다.

#238

대부분의 사람들에게 해를 입히는 것은 지나치게 이롭게 하는 것보다 덜 위험하다.

#239

고위층 인사들의 신임을 받는 것보다 우리의 자만심을 더 부채질하는 것은 없다. 왜냐하면 우리는 그들의 신임이, 대개의 경우 허영심에서 또는 비밀을 지킬 수 없는 상태에서 유래된다는 점은 외면한 채, 자신의 재능의 효과라고 여기기 때문이다.

#240

미모와는 별도로 매력에 관해서만 말한다면, 그것은 미지의 법칙들을 지닌 조화, 여러 특징들 상호간의 은밀한 관계, 그리고 특징들과 피부색, 특징들과 개인의 태도 사이의 은밀한 관계라고 할 수 있다.

#241

교태는 여자들의 기질의 바탕이다. 그러나 모든 여자가 교태를 부리는 것은 아니다. 왜냐하면 어떤 여자들의 교태는 두려움이나 이성理性에 의해 억제되기 때문이다.

#242

우리는 자신이 절대로 남에게 성가시게 굴 수 없다고 믿을 때 흔히 남에게 성가시게 군다.

#243

어떠한 일이든 본질적으로 불가능한 것은 거의 없다. 그리고 우리에게는 일을 성공시키기 위한 수단보다 열성적인 노력이 한층 더 부족하다.

#244

최고의 솜씨는 사물들의 가치를 제대로 알아보는 데 있다.

#245

자기 솜씨를 감출 줄 아는 것이 탁월한 솜씨다.

#246

후하게 베푸는 듯이 보이는 것은 더 큰 이익을 얻으려고 사소한 이익은 경멸하는, 위장된 야심에 불과한 경우가 많다.

#247

대부분의 사람들이 보여주는 충실함이란 남들의 신뢰를 얻기 위한 이기심의 술책에 불과하다. 그것은 우리를 남들보다 높은 자리로 승진시키고 우리가 가장 중요한 일들을 맡도록 해주는 수단이다.

#248

넓은 아량은 모든 것을 얻기 위해 모든 것을 경멸한다.

#249

웅변은 용어의 선택은 물론이고 어조, 시선, 태도에도 똑같이 달려 있다.

#250

진정한 웅변은 필요한 것을 모두 말하고, 오로지 필요한 것만 말하는 데 있다.

#251

어떤 사람들은 자신에게 잘 어울리는 결점들이 있다. 또 어떤 사람들은 장점들이 있는데도 불구하고 호감을 사지 못한다.

#252

사람의 성향이 변하는 것을 보는 경우는 매우 드물지만 사람의 취향이 변하는 것을 보는 경우는 흔하다.

#253
이기심은 각종 미덕과 악덕을 모조리 동원한다.

#254
겸손은 우리가 남들이 자기에게 복종하도록 만들기 위해 흔히 사용하는 수단, 즉 복종하는 척하는 것에 불과하다. 이것은 자신을 높이기 위해서 스스로 낮추는 오만의 술책이다. 오만은 비록 수천 가지로 변신한다고 해도, 겸손의 가면으로 자신을 숨길 때보다 더 잘 위장하고 더 잘 속이는 경우는 결코 없다.

#255
감정마다 그것에 특유한 어조, 몸짓, 표정이 있다. 양자의 상관관계가 좋거나 나쁘거나, 조화롭거나 부적절한가에 따라서 사람들을 유쾌하거나 불쾌한 존재로 만든다.

#256

어느 직업에 속하든 누구나, 다른 사람들이 믿어주기를 스스로 바라는 그러한 사람인 듯이 보이기 위해, 자신의 표정과 외모를 가장한다. 따라서 세상이란 외모만으로 구성된다고 우리는 말할 수 있다.

#257

엄숙함이란 내면적 결함들을 숨기기 위해 고안된 술책, 즉 외모를 신비하게 꾸미는 짓이다.

#258

좋은 취향은 재능보다는 오히려 판단력에서 나오는 것이다.

#259

사랑의 즐거움은 사랑하는 데 있다. 우리는 남이 자기에게 쏟는 열정보다는 자신이 품고 있는 열정으로 더 행복해진다.

#260

예의란 다른 사람들이 자기에게 예의를 차리기를 바라는가 하면, 자기를 예의 바른 사람으로 여겨주기도 바라는 욕구이다.

#261

사람들이 일반적으로 젊은이들에게 실시하는 교육은 그들에게 고취하는 제2의 이기심이다.

#262

사랑의 경우처럼 이기심에 철저히 지배되는 열정은 하나도 없다. 그래서 우리는 자신의 평온함보다는 자기가 사랑하는 모든 사람들의 평온함을 희생시킬 용의가 언제나 더 많다.

#263

우리가 후하게 베푸는 행위라고 말하는 것은 흔히는 베푸는 것에 대한 허영에 불과하다. 우리는 베푸는 것보다 허영을 더 좋아한다.

#264

동정심은 흔히 우리가 다른 사람들의 불행에 자극되어 자기 자신의 불행을 느끼는 감정이다. 이것은 우리에게 닥칠 수 있는 불행을 능숙하게 예견하는 것이다. 우리는 다른 사람들이 유사한 경우에 자기를 돕도록 유도하기 위해 그들을 돕는다. 그래서 엄밀히 말하자면, 우리가 그들에게 베푸는 혜택은 자기 자신에게 미리 베푸는 혜택인 것이다.

#265

편협한 정신은 완고함을 낳는다. 우리는 자기 눈으로 보는 것이외에는 아무것도 쉽게 믿지 않는다.

#266

야망과 사랑처럼 격렬한 열정들만이 다른 열정들을 이길 수 있다고 믿는다면 우리는 자기 자신을 속이고 있다. 게으름은 아무리 무기력한 것이라 해도 흔히 다른 모든 열정을 지배한다. 게으름은 우리에게서 삶의 모든 계획과 모든 행동을 제거한다. 즉, 우리 삶에서 우리 자신도 모르는 사이에 열정과 미덕을 모두 파괴하고 소멸시킨다.

#267

우리가 충분히 알아보지도 않은 채 남의 악행을 재빨리 믿으려는 것은 오만과 게으름의 결과다. 우리는 범인들의 색출은 바라지만 범죄 수사의 수고는 피한다.

#268

우리는 자신의 가장 사소한 이익을 위해서는 판사들을 기피한다. 그러나 자신의 평판과 영예에 관해서는, 질투, 편견, 또는 현명한 판단력의 결핍 때문에 자기를 철저히 적대시하는 사람들의 판단에 기꺼이 맡기려고 한다. 이것은 그들이 우리에 대해 호평하도록 만들기 위해 우리가 자신의 안락함과 목숨을 무수한 방법으로 위험에 노출시키는 것에 불과하다.

#269

자기가 저지르는 모든 악행을 알 만큼 그렇게 영리한 사람은 하나도 없다.

#*270*

이미 획득한 영예는 앞으로 획득해야 할 영예에 대한 보증이다.

#*271*

젊음은 지속적 만취상태, 곧 이성(理性)의 열병이다.

#*272*

엄청난 칭송을 받을 자격이 있던 사람들이 사소한 일들로 두각을 나타내려 여전히 애쓴다면 그들에게 그보다 더 굴욕적인 것은 있을 수 없다.

#*273*

어떤 사람들의 유일한 재능은 일상생활의 교제에 유용한 악덕뿐인데도 불구하고 그들은 세상에서 인정받는다.

#*274*

새로운 것의 매력과 사랑의 관계는 꽃과 열매의 관계와 같다. 새로운 것의 매력은 사랑에게 쉽게 사라지며 영원히 돌아오지 않는 광채를 준다.

#275

인정이 매우 많다고 자랑하는 선한 천성은 흔히 가장 사소한 사리사욕으로 질식한다.

#276

바람이 촛불을 끄면 불길이 거세게 일어나는 것과 마찬가지로, 부재중이라는 상태는 평범한 열정은 감소시키고 치열한 열정은 증가시킨다.

#277

여자들은 사랑하지 않을 때에도 자신이 사랑하고 있다고 흔히 믿는다. 음모의 추구, 정사가 초래하는 마음의 동요, 사랑받는 기쁨을 향한 본성적 경향, 구애를 거절하는 괴로움 등은 그들이 단순히 교태를 부릴 뿐일 때에도 자신이 열정을 품고 있다고 믿게 만든다.

#*278*

우리가 교섭을 담당하는 사람들에 대해 흔히 불만을 품는 이유는 그들이 교섭의 성공이라는 이익을 위해서 자기 친구들의 이익을 거의 언제나 저버리기 때문이다. 그리고 성공의 이익은 그들이 맡은 일을 완수했다는 영예 때문에 그들의 차지가 된다.

#*279*

우리가 자신에 대한 친구들의 다정한 태도를 과장할 때, 그것은 흔히 감사하는 마음보다 자신의 재능을 인정받고 싶어하는 욕구에서 나온다.

#*280*

사회에 막 진출하는 사람들에 대한 우리의 칭찬은 이미 확고한 위치를 차지한 사람들에 대한 은밀한 질투에서 흔히 나온다.

#*281*

우리의 질투심을 매우 심하게 부추기는 오만은 질투심을 조절하도록 흔히 우리를 돕기도 한다.

#282

세상의 여러 가지 허위는 진실과 하도 똑같이 닮아서 거기 속지 않는다면 잘못 판단한 것처럼 보일 지경이다.

#283

자기 자신에게 충고하는 경우와 마찬가지로 남의 충고를 이용할 줄 아는 데에도 때로는 똑같은 수완이 필요하다.

#284

어떤 악인들은 선량한 면이 전혀 없었더라면 현재보다 덜 위험한 자들이 되었을 것이다.

#285

아량이란 그 용어 자체만으로도 충분히 정의된다. 그러나 우리는 그것이 오만의 건전한 상식이고, 칭송을 받는 가장 고상한 방법이라고 말할 수 있을 것이다.

#286

사랑이 완전히 끝났을 때 상대방을 다시 사랑하기란 불가능하다.

#287

한 가지 일에 대해 우리가 여러 가지 해결책을 찾도록 만드는 것은 풍부한 정신력이 아니라 통찰력의 부족이다. 우리는 통찰력의 부족 때문에 머리에 떠오르는 모든 것에 발목이 잡히고 가장 좋은 것이 무엇인지 즉시 알아볼 수 없다.

#288

어떤 질병들과 일들은 치료나 대책 때문에 오히려 악화되는 어떤 시기가 있다. 그래서 탁월한 솜씨란 치료법이나 대책의 적용이 위험한 시기를 아는 데 있다.

#289

순진한 척 위장하는 것은 교묘한 속임수다.

#290

결점들은 정신보다 기질 안에 더 많이 들어 있다.

#291

사람들의 재능은 과일과 마찬가지로 각각 제 철이 있다.

#292

사람들의 기질은 대부분의 건물과 마찬가지로 서로 다른 여러 측면이 있는데, 어떤 것은 마음에 들고 또 어떤 것은 마음에 들지 않는다고 말할 수 있다.

#293

절제는 야망과 싸워서 굴복시킬 수 있는 능력이 없다. 이 두 가지는 결코 공존하지 않는다. 절제는 정신의 무기력함과 게으름인 반면, 야망은 정신의 활동과 열성이다.

#294

우리는 자기에 대해 감탄하는 사람들을 항상 좋아한다. 그러나 우리의 감탄의 대상인 사람들을 항상 좋아하는 것은 아니다.

#295

우리는 자기가 바라는 모든 것을 알기에는 아직도 매우 멀었다.

#296

우리는 자신이 존경하지도 않는 사람들을 좋아하기는 어렵다. 그러나 자기 자신보다 훨씬 더 존경하는 사람들을 좋아하기가 더 쉬운 것도 아니다.

#297

육체의 네 가지 기질들은 우리도 모르는 사이에 우리의 의지를 움직이고 다른 방향으로 유도하는, 통상적이고 규칙적인 경로를 거친다. 이 기질들은 공동으로 지배하고 차례로 은밀한 지배력을 우리에게 행사해서, 우리가 그 역할을 알 수 없다 해도, 우리의 모든 행동에서 중요한 역할을 수행한다.

#298

대부분 사람들의 감사는 더 큰 혜택을 받고 싶어하는 은밀한 열망에 불과하다.

#299

사람들의 거의 전부는 사소한 빚을 기꺼이 갚는다. 많은 사람은 웬만한 규모의 빚에 대해 감사하는 마음을 지닌다. 그러나 엄청나게 많은 빚에 대해서는 배은망덕하지 않은 사람이 거의 없다.

#300

어떤 어리석은 짓들은 전염병의 경우처럼 퍼져나간다.

#301

재산을 경멸하는 사람은 얼마든지 많지만 남에게 베푸는 방법을 아는 사람은 거의 없다.

#302

우리가 대개 이해관계가 적은 일들에 대해서만 외견을 믿지 않는 위험을 감수한다.

#303

사람들이 우리에 관해 아무리 많이 칭찬한다 해도 그것은 우리에게 새로운 것을 하나도 가르쳐주지 않는다.

#304

우리는 자신을 지루하게 만드는 사람들은 자주 용서해주지만 우리가 지루하게 만들어주는 상대방은 용서해줄 수 없다.

#305

사리사욕은 우리의 모든 악행의 원인이라고 비난받지만 우리의 선행들의 원인이라고 칭찬 받아도 마땅하다.

#306

우리는 혜택을 베풀 수 있는 상태에 머물러 있는 한 자신에게 배은망덕한 사람을 거의 찾아보지 못한다.

#307

혼자 있을 때 자만심에 젖는 것은 정직하겠지만 공공연하게 자만하는 것은 어리석다.

#308

위대한 사람들의 야망을 제한하기 위해, 그리고 평범한 사람들을 행운의 부족과 재능의 부족을 위로하기 위해, 사람들은 절제라는 것을 미덕으로 삼았다.

#309

어떤 사람들은 어리석은 자가 될 운명을 타고 난다. 그리고 자발적으로 어리석은 짓을 할 뿐만 아니라 운명의 강요에 의해서도 어리석은 짓을 한다.

#310

잘 모면하려면 약간 어리석을 필요가 있는 그러한 종류의 사태들이 사람의 생애 중에는 가끔 닥친다.

#311

어리석은 측면을 드러낸 적이 전혀 없는 사람들이 있다면 그것은 아무도 그것을 열심히 찾지 않았기 때문이다.

#312

애인들이 함께 있어도 상대방을 결코 지루하게 여기지 않는 이유는 항상 자기들 자신에 관해 이야기하고 있기 때문이다.

#313

우리는 자신에게 일어났던 일에 대해 심지어 가장 미세한 세부사항들마저 보존하는 기억력은 충분하지만, 똑같은 사람에게 몇 번 이야기했는지 상기시키는 기억력은 충분치 못한데, 왜 그럴 필요가 있는가?

#314

우리는 자신에 관한 이야기를 하면서 극도의 즐거움을 느낄 때, 듣는 사람들에게는 즐거움을 전혀 주지 못할지도 모른다고 염려할 필요가 없다.

#315

우리가 속마음을 친구들에게 모두 털어 내보이지 못하도록 막는 것은 친구들에 대한 불신이 아니라 우리 자신에 대한 불신이다.

#316

약자들은 솔직해질 수 없다.

#317

배은망덕한 사람들에게 혜택을 베푸는 것은 심한 불행이 아니다. 그러나 부정직한 사람들로부터 혜택을 받는 것은 참을 수 없는 불행이다.

#*318*

우리는 어리석은 짓을 고치는 방법들은 찾아낼 수 있지만 비뚤어진 마음씨를 바로잡는 방법은 하나도 찾아낼 수 없다.

#*319*

우리가 친구들과 은인들의 결점에 관해서 제멋대로 자주 말한다면 그들에 대해서 마땅히 품어야만 하는 감정을 그리 오래 간직하지 못한다.

#*320*

군주들이 지니고 있지도 않은 미덕들 때문에 그들을 칭송하는 것은 처벌받는 일이 없이 그들을 모욕하는 짓이다.

#*321*

우리는 자기가 바라는 것 이상으로 자기를 사랑하는 사람들을 사랑하기보다는 자기를 미워하는 사람들을 사랑하는 쪽에 더 가깝다.

#322

멸시를 받아 마땅한 사람들만이 멸시당하기를 두려워한다.

#323

우리의 재산과 똑같이 우리의 지혜도 운명의 손아귀에 달려 있다.

#324

질투에는 사랑보다 이기심이 더 많이 들어 있다.

#325

우리의 불행에 대해 이성(理性)이 우리를 위로할 힘이 없을 때, 우리는 나약함을 통해서 자주 자신을 위로한다.

#326

불명예보다는 어리석은 짓이 우리를 더 불명예스럽게 만든다.

#327

우리는 자기에게 큰 결점들이 없다고 다른 사람들을 설득하기 위해 작은 결점들을 고백한다.

#328

질투는 증오보다 달래기가 더 힘들다.

#329

우리는 자신이 아첨을 미워한다고 가끔 믿지만 아첨의 방식을 미워하는 데 불과하다.

#330

우리는 사랑하고 있는 한 용서한다.

#331

남자가 애인에게 충실한 것은 여자에게 학대당할 때보다 자신이 행복할 때 더 어렵다.

#332

여자들은 자신의 교태를 전부 알지 못한다.

#333

여자들은 혐오감 없이는 철저하게 쌀쌀한 태도를 취하지 않는다.

#334

여자들에게는 자신의 열정을 극복할 수 있는 능력보다 교태를 극복할 수 있는 능력이 더 적다.

#335

사랑에 있어서는 불신보다 속임수가 언제나 더 오래 간다.

#336

어떤 종류의 사랑에 있어서는 과도한 사랑이 질투를 막아준다.

#*337*

어떤 장점들은 육체의 감각들과 같다. 이러한 장점들이 전혀 결핍된 사람들은 그것들을 인식할 수도 없고 이해할 수도 없다.

#*338*

우리의 증오가 지나치게 심해지면 우리는 자기가 미워하는 사람들보다 더 낮은 수준에 놓인다.

#*339*

우리는 오로지 이기심에만 비례하여 행운과 불운을 느낀다.

#*340*

대부분 여자들의 마음은 이성보다 어리석음을 강화하는 데 더 많이 이용된다.

#*341*

젊은이의 열정은 노인의 미지근한 상태보다 구원에 더 방해가 되는 것이 결코 아니다.

#342
우리 고향에서 쓰는 말의 억양은 우리 말에는 물론이고 정신과 마음에도 똑같이 남아 있다.

#343
위대한 사람이 되기 위해서는 자기의 운명 전체를 이용할 줄 알아야 한다.

#344
식물과 마찬가지로 대부분의 사람들은 우연히 드러나는 숨은 특질들을 지닌다.

#345
우리는 기회가 있어야 다른 사람들에게 알려지는데, 우리 자신에게 알려지는 경우는 더욱 그러하다.

#346

여자들의 기질이 법칙을 용납하지 않는 한, 그들의 정신에도 마음에도 법칙이란 전혀 존재할 수 없다.

#347

우리는 자신과 의견이 같은 사람들을 제외하고는 건전한 판단력을 지닌 사람을 거의 찾아보지 못한다.

#348

사랑에 빠지면 우리는 자기가 가장 확고하게 믿는 것을 자주 의심한다.

#349

사랑의 가장 큰 기적은 교태를 없애주는 것이다.

#350

우리를 속이려는 사람들을 우리가 극도로 싫어하는 이유는 그들이 우리보다 더 영리하다고 스스로 믿기 때문이다.

#351
더 이상 서로 사랑하지 않을 때 우리는 관계를 끊기가 매우 힘들다.

#352
함께 있을 때 우리가 지루함을 느껴서는 안 되는 그러한 상대방과 함께 있으면 우리는 언제나 지루해진다.

#353
교양 있는 사람은 아마도 미치광이처럼 사랑할지는 몰라도 바보처럼 사랑하지는 않는다.

#354
어떤 결점들은 잘 활용하는 경우 미덕 자체보다 더 찬란히 빛난다.

#355

사별할 때 우리는 어떤 사람들에 대해서는 애통함보다 아쉬움을 더 느끼는가 하면, 다른 어떤 사람들에 대해서는 애통함은 느끼지만 아쉬움은 전혀 못 느낀다.

#356

일반적으로 우리는 자기를 경탄하는 사람들만 전폭적으로 칭찬한다.

#357

옹졸한 사람들은 사소한 일들 때문에 지나치게 속이 상한다. 대범한 사람들은 사소한 일들을 모두 겪지만 조금도 속이 상하지 않는다.

#358

겸손은 그리스도교의 미덕들에 대한 진정한 증거다. 겸손이 없으면 우리는 자신의 모든 결점을 그대로 간직하는데, 이 결점들은 오로지 오만에 의해서만 가려진다. 오만은 우리의 결점들을 다른 사람들이 보지 못하게 감추는가 하면, 우리도 보지 못하게 자주 감춘다.

#359

부정(不貞) 행위들은 사랑을 소멸시켜야만 한다. 우리는 질투할 이유가 충분할 때에도 질투할 필요가 결코 없을 것이다. 질투의 구실주기를 피하는 사람만이 질투를 부추길 자격이 있다.

#360

우리는 사람들이 다른 사람들에게 저지른 가장 심한 배신행위보다 우리에게 저지른 가장 사소한 배신행위 때문에 한층 더 그들을 불신한다.

#361

질투심은 사랑과 함께 항상 생겨나지만 사랑과 함께 항상 소멸하지는 않는다.

#362

애인이 죽었을 때 통곡하는 여자들의 대부분은 애인을 사랑했기 때문이라기보다 자신이 한층 더 사랑받을 자격이 있다고 보이려고 하기 때문에 통곡하는 것이다.

#363

우리가 다른 사람들에게서 받은 상처는 스스로 초래한 상처보다 흔히 덜 심한 고통을 준다.

#364

우리는 자기 아내에 관한 이야기는 거의 하지 말아야만 한다는 것을 잘 안다. 그러나 자기 자신에 관한 이야기는 그보다 더욱 삼가야만 한다는 것은 잘 알지 못한다.

#365

선천적인 어떤 장점들은 단점으로 전락하고, 후천적인 어떤 장점들은 결코 완전하지 않다. 예를 들면 우리는 이성의 도움을 받아 선행과 신뢰를 관리할 필요가 있는 반면에 선량함과 용기는 선천적으로 타고나야만 하는 것이다.

#366
우리는 우리에게 말하는 사람들의 정직함을 아무리 불신한다고 해도 그들이 다른 사람들에게보다는 우리에게 더 진실하게 말한다고 항상 믿는다.

#367
자기의 직업에 싫증을 내지 않는 정숙한 여자는 거의 없다.

#368
정숙한 여자들의 대부분은 숨겨진 보물이다. 그들은 보물을 손에 넣으려고 찾는 사람이 아무도 없기 때문에 안전한 것에 불과하다.

#369
사랑에 빠지지 않으려고 우리가 애쓰며 겪는 괴로움은 우리가 사랑하는 사람들의 매정함보다 흔히 더 가혹하다.

#370

자신의 두려움을 철저하게 언제나 알고 있는 비겁한 자는 거의 없다.

#371

사랑하고 있는 사람이 상대방의 사랑이 언제 끝났는지 모른다면 그것은 언제나 자신의 잘못이다.

#372

대부분의 젊은이는 자신이 무례하고 거칠 뿐인데도 자연스럽다고 믿는다.

#373

어떤 종류의 눈물은 다른 사람들을 속인 뒤에 자주 자기 자신을 속인다.

#374
애인 때문에 자기가 애인을 사랑한다고 믿는 남자가 있다면 그는 매우 심하게 속고 있다.

#375
평범한 사람들은 자기 능력이 미치지 못하는 것은 모두 비난한다.

#376
질투는 진정한 우정이, 교태는 진정한 사랑이 소멸시킨다.

#377
통찰력의 가장 큰 잘못은 목표에 미달하는 것이 아니라 그것을 지나가는 것이다.

#378
사람들은 충고는 하지만 행동을 고쳐주지는 않는다.

#379

우리의 재능이 저하되면 우리의 취향 또한 저열해진다.

#380

빛이 물체를 드러내듯이 운명은 우리의 미덕과 악덕을 드러낸다.

#381

우리가 애인에게 충실한 사람으로 남기 위해 자제하는 것은 부정(不貞) 행위보다 조금도 더 낫지 않다.

#382

우리 행동은 누구나 자기가 좋아하는 주제에 꿰어 맞추는, 운율로 지은 시와 같다.

#383

우리의 솔직함의 대부분은 자기 자신에 관해서 이야기하고, 자기가 원하는 측면에서만 자신의 결점들을 드러내려는 욕망이다.

#384

우리는 자기가 아직도 놀랄 수가 있다는 사실 이외에는 아무것에도 놀라서는 안 된다.

#385

열렬히 사랑할 때나 더 이상 사랑하지 않을 때나 우리는 똑같이 만족하기가 어렵다.

#386

자기가 옳지 않다는 것을 참을 수 없는 사람들보다 더 자주 옳지 않은 사람은 없다.

#387

어리석은 자는 선량해지기 위한 소질이 부족하다.

#388

허영은 미덕들을 완전히 없애지는 못한다 해도 모든 미덕을 적어도 밑바닥까지 뒤흔든다.

#389

우리가 다른 사람들의 허영을 참아줄 수 없는 이유는 그것이 우리 자신의 허영심에 상처를 주기 때문이다.

#390

우리는 자신의 취향보다 사리사욕을 더 쉽게 포기한다.

#391

행운은 자신이 돕지 않는 사람들에게 하듯이 그렇게 눈이 먼 것처럼 결코 보이지 않는다.

#392

우리는 운명을 건강과 마찬가지로 다루어야 한다. 행운이 닥치면 즐기고 불운이 닥치면 인내해야만 한다. 그리고 절대적으로 필요한 경우가 아닌 한 극단적 대책을 써서는 안 된다.

#393

속물들의 태도는 가끔 군대에서 사라지지만 궁중에서는 결코 없어지지 않는다.

#394

우리는 어떤 사람보다는 더 영리할 수 있지만 모든 사람보다 더 영리할 수는 없다.

#395

애인에게 속는 것이 그녀에 대한 환상에서 깨어나는 것보다 때로는 덜 불행하다.

#396

여자는 둘째 애인이 아직 없을 때 첫 애인과 오랫동안 사귄다.

#397

우리는 자기는 결점이 전혀 없고 적들은 장점이 전혀 없다고 포괄적으로 말할 용기는 없다. 그러나 세부사항에 관해서는 우리가 거의 그렇게 믿고 있다.

#398

우리의 모든 결점들 가운데 우리가 가장 쉽게 용납한 채 살아가는 것은 게으름이다. 우리는 그것이 모든 평온한 미덕들에 속해 있으며, 다른 미덕들을 완전히 없애기는커녕 그 기능을 정지시킬 뿐이라고 확신한다.

#399

운명에 의존하지 않는 일종의 고상함이 있다. 이것은 우리가 두각을 나타내게 하는가 하면 우리를 위대한 일들로 이끄는 듯이 보이는 어떤 태도이다. 또한 우리가 자기도 모르게 자기 자신에게 부여하는 가치이다. 이 특질 덕분에 우리는 다른 사람들이 우리를 존경하도록 강제한다. 그리고 가문, 높은 지위, 재능 자체보다 이 특질이 한층 더 우리를 다른 사람들 위에 올려놓는다.

#400

고상함이 결여된 재능은 있지만 어느 정도의 재능도 갖추지 않은 고상함은 없다.

#401

고상함과 재능의 관계는 장신구와 미인의 관계와 같다.

#402

연애에서 가장 찾아보기 어려운 것은 바로 사랑이다.

#403

운명은 우리의 처지를 향상시켜주기 위해 우리의 결점들을 가끔 이용한다. 세상에는 성가신 사람들이 있는데, 우리가 그들의 부재(不在) 상태를 위해 기꺼이 대가를 지불하려고 하지 않는다면 그들의 재능은 보잘것없는 보상을 받을 것이다.

#404

자연은 우리의 정신 밑바닥에 우리 자신도 모르는 재능과 솜씨를 숨겨놓은 듯하다. 오로지 열정들만이 이것들을 세상에 드러낼 힘이 있는가 하면, 인위적 노력이 제공할 수 있는 것보다 더 확실하고 더 완전한 통찰력을 가끔 우리에게 제공할 수 있다.

#405

우리는 인생의 서로 다른 여러 단계에 이를 때 완전히 초보자가 된다. 그래서 각 단계에서는 나이에도 불구하고 흔히 경험이 없는 상태에 놓인다.

#406

교태를 부리는 여자들은 자기 애인을 시기한다고 자랑하는데, 그것은 자신이 다른 여자들을 질투하고 있다는 사실을 숨기기 위한 것이다.

#407

우리의 술책에 속는 사람들이 우리에게 우스꽝스럽게 보이는 것은, 다른 사람들의 술책에 속는 우리가 자기 자신에게 우스꽝스럽게 보이는 것에 비하면, 그 정도가 극히 미미하다.

#408
젊었을 때 매력적이었던 늙은이들의 가장 위험한 어리석은 짓은 자신이 더 이상 매력적이지 않다는 사실을 망각하는 것이다.

#409
우리의 가장 훌륭한 행동들을 초래한 모든 동기를 사람들이 안다면 우리는 그 행동들에 대해 자주 부끄러워 할 것이다.

#410
우정의 가장 힘든 일은 우리의 결점들을 친구에게 알려주는 것이 아니라, 친구가 자기 자신의 결점들을 깨닫게 해주는 것이다.

#411
결점들을 숨기기 위해 우리가 동원하는 수단보다 더 용서받지 못할 결점은 하나도 없다.

#412

우리는 아무리 심한 치욕을 당해 마땅하다 해도 자신의 평판을 다시 회복할 능력은 언제나 지니고 있다.

#413

사물을 바라보는 관점이 하나밖에 없다면 우리는 오랫동안 남을 기쁘게 하지 못한다.

#414

바보들과 어리석은 자들은 자신의 기질을 통해서만 사물들을 본다.

#415

우리의 재능은 우리가 대담하게 어리석은 짓을 저지르도록 가끔 돕는다.

#416

나이가 들수록 더욱 활력이 넘치는 것은 어리석은 짓과 그다지 다르지 않다.

#417

사랑의 경우, 실패를 제일 먼저 극복한 사람이 언제나 가장 잘 극복한 사람이다.

#418

교태를 부리는 듯이 보이기를 원하지 않는 젊은 여자들, 그리고 어리석은 자가 되기를 바라지 않는 늙은이들은 자기도 참여할 수 있는 것이라도 되는 것처럼 사랑에 관해 말해서는 결코 안 된다.

#419

우리는 맡은 일이 자신의 능력에 비해 매우 쉬울 때에는 대단한 사람처럼 보일 수 있다. 그러나 자신의 능력에 비해 지나치게 과분한 일을 할 때에는 흔히 하찮은 사람처럼 보인다.

#420

우리는 불운할 때 오로지 낙담할 뿐이면서도 자신이 확고부동하다고 흔히 믿는다. 그리고 비겁한 자들이 자기 방어를 하기가 두려워서 적이 자기를 살해하도록 내버려두는 것처럼 우리는 불운을 감히 직시하지 못한 채 참고 견디기만 한다.

#421

재치보다는 신뢰가 대화에 더 많이 기여한다.

#422

우리의 모든 열정은 우리가 잘못을 저지르게 만든다. 그러나 사랑은 가장 우스꽝스러운 잘못을 저지르게 만든다.

#423

어떻게 늙어야 좋을는지 아는 사람은 거의 없다.

#424

우리는 자신이 실제로 지니고 있는 결점들과 반대되는 것들을 자랑한다. 우리는 나약할 때 자신이 완강하다고 자랑한다.

#425

통찰력은 예언을 뜻하는데, 이것이 정신의 다른 모든 특질보다 우리의 허영을 더 심하게 부추긴다.

#426

새로운 것의 매력과 오래된 습관은 아무리 상반된다 해도, 우리가 친구의 결점들을 인식하지 못하도록 막는다는 점에서는 똑같다.

#427

대부분의 친구들은 우리가 우정에 대해 식상하게 만들고, 대부분의 경건한 사람들은 우리가 경건함에 대해 식상하게 만든다.

#428

우리는 자기와 관계가 없는 결점들에 관해서는 친구들을 쉽게 용서해준다.

#429

사랑을 하는 여자들은 사소한 배신보다 심한 무례함을 더 쉽게 용서한다.

#430

인생의 노년기의 경우처럼 사랑의 마지막 단계에서는 우리가 괴로움을 겪으려고 살아가는 것이지 즐거움을 얻기 위해 사는 것은 이미 아니다.

#431

자연스러운 듯이 보이려는 욕구만큼 우리가 자연스럽게 되는 것을 심하게 방해하는 것은 없다.

#*432*

훌륭한 행동을 기꺼이 칭찬하는 것은 어떤 의미에서 우리가 그 행동의 공적 일부를 취하는 것이다.

#*433*

탁월한 특질들을 지니고 태어났다는 가장 분명한 징표는 시기심 없이 태어난 것이다.

#*434*

친구들이 우리를 속였을 때, 우리는 그들의 우정의 표시에 대해 모른 체 하면 그만이지만 그들의 불행에 대해서는 항상 섬세하게 배려해야만 한다.

#*435*

운명과 기질이 세상을 지배한다.

#436

한 사람을 특별히 알기보다 사람을 일반적으로 알기가 더 쉽다.

#437

우리는 사람의 재능을 그의 장점들을 기준으로 판단해서는 안 되고, 그가 아는 장점들의 활용 방법에 따라 판단해야만 한다.

#438

세상에는 어떤 생생한 감사의 표시가 있는데, 그것은 우리가 과거에 받은 은혜에 대해 친구들에게 신세를 갚을 뿐만 아니라, 심지어 우리가 갚아야만 하는 신세와 똑같은 신세를 그들도 우리에게 지도록 만든다.

#439

우리는 자신이 원하는 것이 무엇인지 완전히 안다면 거의 아무것도 간절히 원하지 않을 것이다.

#*440*

대부분의 여자들이 우정에 별로 감동하지 않는 이유는 그들이 사랑을 느낀 뒤에는 우정이 무미건조하기 때문이다.

#*441*

사랑의 경우처럼 우정의 경우에도 우리는 흔히 자기가 아는 것들보다는 모르는 것들 때문에 더 행복하다.

#*442*

우리는 자신이 고치고 싶어 하지 않은 결점들을 자랑하려고 애쓴다.

#*443*

가장 격렬한 열정은 우리에게 가끔 휴식을 주지만 허영은 언제나 우리를 흔들어댄다.

#444

늙은 바보들은 젊은 바보들보다 더 어리석다.

#445

악덕보다는 나약함이 미덕과 더 상반된다.

#446

수치와 질투의 고통이 이토록 격심해지는 이유는 허영은 우리가 그 고통을 견디도록 도와줄 수 없기 때문이다.

#447

예의는 모든 법들 가운데 가장 미약한 것이면서도 가장 잘 준수되는 것이다.

#448

올바른 심성의 사람에게는 비뚤어진 심성의 사람들을 인도하기보다 따르는 것이 덜 어렵다.

#449
우리가 행운의 인도로 높은 자리에 점차 이른 것도 아니고 그 자리를 바라지도 않았는데, 행운이 갑자기 우리에게 높은 자리를 주어 놀라게 만들 때에는 우리가 그것을 잘 유지하고 또 차지할 자격이 있는 듯이 보이기는 거의 불가능하다.

#450
우리의 오만은 흔히 우리가 고치는 다른 결점들 때문에 심해진다.

#451
재치 있는 바보들만큼 귀찮은 바보들은 없다.

#452
자신의 장점 가운데 그 어느 것이든 자신이 세상에서 가장 존경하는 사람의 장점보다 못하다고 믿는 사람은 하나도 없다.

#453

큰일을 처리할 때는 기회를 만들어내려고 하기보다 주어지는 기회를 활용하는 데 더 많은 노력을 기울여야만 한다.

#454

사람들이 우리에 관해 나쁘게 말하지도 않는다면, 우리가 자신에 관한 그들의 좋은 말을 도외시한다고 해서 손해보는 경우는 거의 없다.

#455

세상 사람들은 판단을 잘못하는 경향이 매우 심할 뿐만 아니라, 심지어 진정한 재능을 부당하게 취급하기보다 거짓 재능을 선호하는 경우가 훨씬 더 많다.

#456

사람은 약간의 재치가 있는 바보가 때로는 되지만 판단력이 있는 바보는 결코 되지 못한다.

#457

우리는 실제 자신이 아닌 다른 모습을 보여주려고 애쓰는 경우보다 있는 그대로 자신을 보여주는 경우에 더 많은 이익을 얻을 것이다.

#458

우리가 자신에 대해 내리는 판단보다 적이 우리에 대해 내리는 판단이 사실에 더 가깝다.

#459

사랑을 치료하는 약은 여러 가지가 있지만 약효가 틀림없는 것은 하나도 없다.

#460

우리는 열정들이 우리에게 시키는 일을 모두 알려면 매우 멀었다.

#461

노년기는 청년기의 모든 즐거움을 사형으로 금지하는 폭군이다.

#462

우리는 오만 때문에 자기에게는 없다고 믿는 다른 사람들의 결점들을 비난하는데, 바로 그 오만 때문에 자기에게는 없는 다른 사람들의 장점들도 경멸한다.

#463

우리가 적들의 불행을 동정할 때에는 흔히 호의보다 오만이 더 많이 작용한다. 그들에게 동정심을 표시하는 것은 우리가 그들보다 우월한 입장에 있다는 사실을 그들이 느끼도록 해주기 위한 것이다.

#464

우리가 느낄 수 있는 한계를 초월하는 극도의 행운과 불운이 있다.

#*465*

범죄가 받는 보호에 비하면 무죄가 받는 보호는 대단히 미약하다.

#*466*

모든 격렬한 열정 가운데 여자들을 가장 적게 해치는 것은 바로 사랑이다.

#*467*

이성보다는 허영 때문에 우리는 자기가 싫어하는 일을 더 많이 하게 된다.

#*468*

어떤 나쁜 특질들은 탁월한 재능을 만들어낸다.

#*469*

우리는 이성에 의해서만 바라는 것은 결코 열렬히 바라지 않는다.

#470

우리의 특질은 좋은 것이든 나쁜 것이든 모두 불확실하고 의심스러운 것이며, 대부분 주어지는 여건에 좌우된다.

#471

여자들은 최초 열정의 경우에는 애인을 사랑하고 나머지 열정들의 경우에는 사랑 자체를 사랑한다.

#472

오만은 다른 열정들과 마찬가지로 괴상한 습성이 있다. 우리는 자신이 질투하고 있다고 고백하기는 부끄럽게 여긴다. 그러나 과거에 질투를 했고 지금도 질투할 능력이 있다는 것은 자랑한다.

#473

진정한 사랑이 아무리 드물다 해도 진정한 우정보다 더 희귀한 것은 아니다.

#474

여자들은 재능이 미모보다 더 오래 가는 경우는 거의 없다.

#475

동정을 받거나 경탄의 대상이 되려는 욕망은 흔히 우리가 다른 사람들을 신뢰하는 가장 중요한 이유가 된다.

#476

우리의 시기심은 우리가 시기하는 사람들의 행복보다 언제나 더 오래 지속된다.

#477

단호한 성격의 힘은 사랑을 거절하도록 우리를 도와주기도 하지만 사랑을 격렬하고 오래 지속되는 것으로 만들어주기도 한다. 그리고 열정에 항상 동요되는 나약한 사람은 열정으로 완전히 가득 차는 일이 거의 없다.

#478

상상력은 각자의 마음속에 선천적으로 내재하는 모순들만큼 그 렇게 다양한 수많은 모순은 결코 지어낼 수 없다.

#479

오로지 단호한 사람만이 진정으로 온화해질 수 있다. 온화한 듯 이 보이는 사람들은 대개 나약할 뿐이고 그래서 쉽게 원한을 품 게 된다.

#480

비겁함이란 우리가 다른 사람들의 비겁함을 고쳐주기를 바랄 때 그들을 질책하는 것이 위험한, 그런 종류의 결점이다.

#481

진정한 친절보다 더 드문 것은 없다. 자신이 친절하다고 믿는 바 로 그 사람들은 대개 남의 환심을 사려고 하거나 나약한 사람들 일 뿐이다.

#482

정신은 게으름과 타성 때문에 쉬운 것 또는 마음에 드는 것에 집착한다. 이러한 습관은 항상 우리의 지식을 제한한다. 또한 자기 정신을 가능한 한 가장 멀리 뻗고 인도하려고 애쓰는 사람은 아무도 없다.

#483

우리는 대개 악의보다는 허영 때문에 남을 비방한다.

#484

우리가 어떤 열정에서 완전히 벗어났을 때보다 우리 마음이 그 열정의 잔재에 여전히 흔들리고 있을 때 새로운 열정을 품기가 더 쉽다.

#485

격렬한 열정들을 체험한 사람들은 열정에서 벗어난 사실에 대해 평생 동안 다행으로 여기기도 하고 유감으로 여기기도 한다.

#486
시기심이 없는 사람들보다는 사리사욕이 없는 사람이 더 많다.

#487
우리는 육체보다 정신에 게으름이 더 많다.

#488
우리가 지닌 기질의 평온함이나 동요는 우리 인생의 가장 중대한 일들보다는 날마다 일어나는 사소한 일들에 대해 유쾌하거나 불쾌한 조치에 한층 더 좌우된다.

#489
사람들은 아무리 사악하다 해도 감히 미덕의 적으로 보이려고 하지는 못한다. 그래서 미덕을 박해하고 싶을 때 그들은 미덕을 가짜라고 믿는 척하거나, 아니면 범죄에 연루시킨다.

#490

우리는 흔히 사랑을 버리고 야망을 쫓아간다. 그러나 야망을 버리고 사랑으로 돌아오는 경우는 거의 없다.

#491

극도의 탐욕은 언제나 잘못된 것이다. 이것처럼 자주 목표에서 벗어나는 열정도 없고, 이것처럼 현재에게 완전히 지배되어 미래가 희생되는 열정도 없다.

#492

탐욕은 흔히 상반되는 결과를 초래한다. 무수한 사람들이 의심스럽고 요원한 희망 때문에 전 재산을 탕진하는가 하면, 또 다른 사람들은 현재의 사소한 이익 때문에 미래의 엄청난 이익을 멸시한다.

#493

사람들은 자기 결점들이 충분히 많다는 사실을 깨닫지 못하는 듯하다. 그들은 어떤 괴상한 자질들을 보태어 결점의 수효를 늘리면서 그러한 것들로 자기 자신을 장식하는 척한다. 그리고 그 자질들은 그들이 극진히 돌보기 때문에 결국 선천적 결점으로 변하고 더 이상 고칠 수도 없는 것이 되어버리고 만다.

#494

사람들이 자기 결점들을 우리가 생각하는 것보다 더 잘 알고 있다고 보이는 이유는 그들이 자신의 행동에 관해 우리에게 말해줄 때 결코 틀리지 않기 때문이다. 이러한 경우, 평소에는 그들의 눈을 멀게 하던 바로 그 이기심이 그들의 눈을 뜨게 만들고 사물을 정확하게 보게 만들어, 그들은 심지어 비난의 여지가 있는 가장 사소한 일마저도 감추거나 위장한다.

#495

사회에 처음 진출하는 젊은이들은 수줍어하거나 얼떨떨한 태도를 취해야만 한다. 자신만만하고 침착한 태도는 대개 건방진 태도로 변한다.

#496

싸움은 어느 한쪽에만 잘못이 있는 경우에는 그리 오래 가지 못한다.

#497

여자가 아름답지도 않으면서 젊거나, 젊지도 않으면서 아름다운 것은 아무 소용이 없다.

#498

어떤 사람들은 너무나 경솔하고 변덕스러워서 진정한 결점들도 없고, 실질적인 장점들도 없다.

#499

여자가 두 번째 정사(情事)를 할 때까지 우리는 그녀의 첫 번째 정사를 대개 문제 삼지 않는다.

#500

어떤 사람들은 자기 자신에게만 완전히 몰두해 있어서, 사랑하고 있을 때에도 자기가 사랑하는 상대방이 아니라 자기 자신의 열정에 빠져버린다.

#501
사랑은 분명히 즐거운 것이기는 하지만, 사랑 자체보다는 사랑이 표현되는 방식이 우리를 더 즐겁게 한다.

#502
길게 보면, 재치는 많아도 마음이 비뚤어진 경우보다는 재치는 적어도 마음이 올바른 경우가 덜 지루하다.

#503
질투심은 모든 고통 가운데 가장 큰 고통이다. 그리고 그 고통을 초래하는 사람은 동정을 가장 적게 받는다.

#504
우리는 지금까지 외견상으로만 미덕인 듯이 보이는 수많은 미덕의 허위성에 관해서 논의했다. 따라서 이제는 죽음을 경멸하는 언행의 허위성에 관해 약간 서술하는 것이 마땅할 것이다. 이교도들은 현세보다 더 나은 내세에 대한 희망 때문이 아니라 자기 자신의 능력으로 죽음을 경멸한다고 자만하는데, 나는 이러한 죽음에 대한 경멸에 관해서 말하고 싶은 것이다.

죽음을 확고부동하게 견디어내는 것과 그것을 경멸하는 것은 서로 다르다. 전자는 흔히 있는 일이지만, 후자는 내가 보기에 결코 솔직하지 못한 것이다. 그러나 저술가들은 죽음이 불행이 아니라고 우리를 가장 잘 설득할 수 있는 온갖 종류의 글이 써왔다. 또한 영웅들에 못지않게 가장 나약한 사람들마저도 이러한 주장을 뒷받침해주는 유명한 사례들을 무수히 제공했다. 그럼에도 불구하고 나는 건전한 판단력을 지닌 사람 치고 이것을 믿은 사람이 과연 있는지 의심한다. 또한 이러한 주장으로 자기 자신은 물론이고 다른 사람들을 설득하는 데 따르는 어려움은 이 일이 쉽지 않다는 사실을 잘 보여준다.

우리는 인생에 대해 염증을 느낄 여러 가지 동기들은 발견할 수 있지만, 죽음을 경멸해야 할 타당한 이유는 결코 찾을 수 없다. 심지어 기꺼이 죽음을 자초하려고 하는 사람들마저도 죽음을 하찮은 것으로 여기지 않는다. 자신이 선택한 것과는 다른 방식으로 죽음이 닥칠 때 그들은 공포에 질리는가 하면, 다른 사람들과 똑같이 죽음에 저항한다. 무수한 용감한 사람들이 보여준 용기가 천차만별인 이유는 그들이 상상하는 죽음의 모습이 제각기 다르고, 어떤 때는 생생한가 하면 또 다른 때는 그렇지 않기 때문이다. 따라서 자기도 모르는 것에 대해서 멸시한 뒤, 결국은 자기가 아는 것에 대해 두려워하게 되는 일이 벌어진다.

죽음이 모든 불행 가운데 가장 큰 불행이라고 믿고 싶지 않다면 우리는 죽음과 죽음에 수반되는 모든 여건을 정면으로 직시하는 일을 피해야만 한다. 가장 영리하고 가장 용감한 사람들이란 죽음에 대한 생각을 피하기 위한 가장 정직한 구실들을 이용하는 사람들이다. 그러나 죽음을 있는 그대로 직시할 줄 아는 사람은 누구나 그것이 무시무시한 것이라고 깨닫는다.

죽음의 필연성은 철학자들의 모든 확고부동한 태도의 바탕이 된다. 그들은 저 세상으로 가는 것이 불가피하다면 기꺼이 가야만 한다고 믿는다. 또한 자신의 목숨을 영원히 이어갈 수가 없기 때문에 그들은 자신의 명성을 영원히 보존하기 위해, 그리고 구출될 수 있다는 보장도 없는 어떤 것을 난파선에서 구출하기 위해 최선의 노력을 다 했다.

우리는 명랑하게 보이기 위해 죽음에 관한 자신의 모든 생각을 자기 자신에게 알리지 않는 것으로 만족하자. 또한 죽음을 태연하게 맞을 수 있다고 우리를 설득하려는 저 취약한 주장보다는 자기 자신의 기질을 더 신뢰하자.

단호한 태도로 맞이하는 죽음의 영광, 살아남은 사람들이 우리를 애석하게 여길 것이라는 희망, 훌륭한 명성을 남기려는 욕망, 인생의 모든 비참한 일로부터 해방되고 운명의 변덕에 더 이상 좌우되지 않는다는 보장 등은 우리가 소홀히 해서는 안 되는 구제책들이다. 그러나 이것들이 반드시 효과를 발휘한다고 믿어서도 안 된다. 단순히 한 줄로 늘어선 관목들이 전투할 때 사격 중인 적의 진지에 접근해야만 하는 병사에게 흔히 안도감을 주는 것과 마찬가지로 이러한 것들도 우리에게 일종의 안도감을 줄 뿐이다. 관목에서 멀리 떨어져 있을 때에는 그것이 자기를 엄호해 줄 것이라고 상상하지만, 가까이 다가가서 보면 아무 도움도 안 된다는 것을 깨닫는다.

눈앞에 닥치는 죽음이 우리가 멀리서 보고 판단했던 그것과 똑같다고 믿는다면, 그리고 나약한 것에 불과한 우리의 감정이 모든 시련 가운데 가장 심한 이 시련에도 타격을 받지 않을 만큼 강할 것이라고 믿는다면, 그것은 우리가 자만하는 것에 불과하다. 또한 이기심이 그것을 반드시 파괴하는 죽음을 아무것도 아니라고 여기도록 우리를 도울 수 있다고 생각하는 것도 이기심의 효과를 잘못 파악하는 것이다.

우리는 이성 안에서 많은 힘을 얻는다고 믿지만 이성은 우리가 죽음과 직면할 때 너무 허약해서 우리 자신이 원하는 것을 믿도록 우리를 설득할 수도 없다. 그와 반대로, 우리를 가장 자주 배신하는 것이 바로 이성이다. 이성은 죽음을 경멸하도록 우리를 격려하기는커녕 우리가 죽음의 참혹하고 무시무시한 측면을 깨닫도록 돕는다. 우리를 위해 이성이 할 수 있는 것이라고는 시선을 죽음에서 돌려 다른 사물들을 응시하라고 권고하는 것뿐이다.

카토Cato와 브루투스Brutus의 선택은 이에 관해 유명한 예를 남겼다. 얼마 전에 어느 하인은 곧 자기 몸이 바퀴 위에서 부서질 사형대에 올라간 뒤 한 바탕 춤을 추는 것으로 만족했다. 이와 같이 동기는 서로 다르다 해도 결과는 모두 마찬가지다. 그래서 위대한 사람들과 평범한 사람들 사이에 아무리 큰 차이가 있다 해도, 사람들은 양자가 모두 똑같은 표정으로 죽음을 겪는 것을 수도 없이 보아 온 것이 사실이다.

그러나 언제나 이러한 차이는 있다. 위대한 사람들이 죽음에 대한 경멸을 표시하는 경우 그들은 명예욕에 시야가 가려져서 죽음을 보지 못하는 반면, 평범한 사람들이 죽음에 대한 경멸을 표시하는 경우 그들은 단순히 판단력의 부족 때문에 자기에게 닥친 불행이 얼마나 엄청난 것인지 알아보지 못하고 다른 일들을 제멋대로 생각하는 것이다.

- 카토 Marcus Porcius Cato the Younger(BC 95~46) : 로마의 정치가, 철학자. 폼페이우스를 지지했으며 훗날 자결했다.
- 브루투스 Marcus Junius Brutus(BC 85?~42) : 로마의 정치가. 카이사르를 암살했으며 훗날 자결했다.

초판본 이후
저자가 철회한 잠언
(1~84)

#1

이기심이란 자기 자신에 대한 사랑이고 무엇보다도 자기를 위한 것이다. 이기심은 사람들이 자기 자신을 우상으로 삼아 숭배하게 만든다. 또한 운명이 그들에게 폭군이 될 수단을 준다면 이기심은 그들을 다른 사람들의 폭군으로 만들 것이다. 이기심은 자기 자신 이외의 다른 것에는 결코 머물러 있지 않는다. 벌이 꽃에 잠시 앉듯이 외부의 사물은 자기에게 적절한 것을 얻기 위해 잠시 거치는데 불과하다.

이기심의 욕망처럼 맹렬한 것도 없고, 이기심의 계획처럼 은밀한 것도 없으며, 이기심이 하는 일처럼 교묘한 것도 없다. 이기심의 유연성은 상상을 초월하고, 그 변모는 가장 철저한 변신을 능가하며 그 세련됨은 화학의 제련 기술을 능가한다. 아무도 이기심의 깊이를 잴 수 없고 그 심연의 어둠을 꿰뚫어 볼 수 없다.

이러한 심연의 어둠 속에서 이기심은 투시력이 가장 강한 눈도 볼 수 없을 만큼 숨어 있고, 남이 모르게 무수히 우회하고 회전한다. 또한 거기서 이기심은 자주 자기 자신에게도 보이지 않으며, 자기도 모르게 무수한 사랑과 증오를 잉태하고 보살피고 양육한다. 그 속에서 이기심은 어떤 사랑과 증오를 해도 극심한 괴물로 만들어서, 그것을 밝은 빛 아래 내어놓을 때에는 자기가 낳은 것이라고 알아보지 못하거나 인정할 수 없다.

이기심이 자기 자신에 관해 품고 있는 어리석은 확신은 이기심을 뒤덮고 있는 밤으로부터 태어난다. 이 확신으로부터 자기 자신에 관한 이기심의 오류, 무지, 무례함, 어리석음이 나온다. 또한 이 확신 때문에 이기심은 그 감정들이 단순히 잠자고 있는데도 죽었다고 믿고, 이기심 자신이 단순히 멈추었는데도 더 이상 달리기를 바라지 않는다고 상상하며, 이기심이 단순히 취향을 만족시킨 것인데도 모든 취향을 잃어버렸다고 생각한다.

그러나 이기심이 이기심을 보지 못하게 하고 숨기게 하는 이 짙은 암흑은 이기심이 외부사물들을 분명하게 바라보는 것은 막지 않는다. 이러한 측면은 모든 것은 알아보지만 자기 자신만은 보지 못하는 우리 눈과 비슷하다. 사실 이기심의 이익이 가장 크게 걸린 일들과 가장 중대한 일들, 즉 이기심의 결렬한 욕망들이 이기심의 철저한 주의를 요구하는 일들에 대해 이기심은 모든 것을 보고, 느끼고, 듣고, 상상하고, 의심하고, 투시하고, 추측한다. 그래서 이기심의 모든 열정이 각각 이기심 특유의 일종의 마술을 부린다고 우리가 믿고 싶어 하게 만들 정도다.

이기심의 애착의 유대만큼 긴밀하고 강한 것은 없다. 심지어 이기심이 자기를 위협하는 극도의 불행에 직면했을 때마저도 그 유대를 끊으려고 애써도 소용이 없다. 그러나 이기심은 여러 해에 걸쳐서 쏟아 부을 수 있던 모든 노력을 기울여도 이룰 수 없던 것을, 단시일 내에, 그것도 별다른 노력도 기울이지 않은 채, 이루는 경우가 종종 있다.

따라서 우리는 다음과 같은 결론, 또는 이와 유사한 결론을 내릴 수 있을 것이다. 즉, 이기심의 욕망들은 그 대상 사물들의 아름다움과 가치보다는 오로지 이기심 자체에 의해서만 불타오르고, 이기심의 취향은 그 욕망들을 미화하는 화장품, 가치를 부여하는 대가이며, 이기심은 자기를 만족시키는 어떤 것을 쫓아가는 경우에도 실제로는 자기 자신의 뒤를 쫓아서 달리는가 하면 자기 자신의 즐거움을 추구하고 있다는 것이다.

이기심은 상반되는 것을 모두 내포하고 있다. 지배적이면서도 순종적이고, 솔직하면서도 위장하고, 인자하면서도 잔인하고, 겁이 많으면서도 용맹하다.

또한 이기심은 그것을 조종하는 다양한 기질에 따라 서로 다른 성향을 보이는데, 어떤 때는 영예에 몰두하는가 하면 어떤 때는 재산에, 어떤 때는 쾌락에 몰두한다. 그리고 이러한 성향은 우리의 나이, 처지, 경험 등의 변화에 따라 달라진다. 그러나 이기심이 여러 가지 성향을 지니든 단 한 가지의 성향만 지니든 아무런 차이가 없다. 왜냐하면 이기심은 필요에 따라 또는 자기가 원하는 대로 여러 개로 갈라지기도 하고 하나로 통합되기도 하기 때문이다.

이기심은 변화무쌍하다. 또한 외부적 요소들이 초래하는 변화 이외에도 이기심 자체에서 유래하는 변화, 그리고 그 자체의 원천에서 파생되는 변화가 무수히 많다. 이기심은 변덕, 경솔함, 새로운 것에 대한 사랑, 권태, 혐오 등으로 항상 변하게 마련이다.

이기심은 변덕스럽다. 우리는 이기심이 자기 자신에게 유익하지도 않은 것, 심지어는 실제로 해로운 것마저도 얻기 위해 믿을 수 없을 정도로 부지런하게, 그리고 극도의 열성을 다하여 애쓰는 것을 본다. 그러나 이기심은 그런 것들을 원하기 때문에 여전히 추구하는 것이다.

이기심은 괴상한 면이 있는데, 가장 변덕스러운 종류의 어떤 일들에 자주 모든 수고를 아끼지 않는다. 가장 어리석은 일들에서 자기의 모든 즐거움을 얻는가 하면, 가장 경멸할 만한 일들에 대해 한없이 자랑한다.

이기심은 인생의 모든 단계에, 그리고 모든 여건 안에 들어 있다. 또한 어느 곳에서나 살고, 모든 것에 의존해서 사는가 하면 아무 것에도 의존하지 않은 채 산다. 어떠한 사물들에게도 적응하는가 하면 어떠한 사물들이 없어져도 역시 적응한다.

이기심은 심지어 자기를 거슬러 싸우는 사람들의 무리에도 참가하고 그들의 계획에도 참여한다. 그리고 가장 놀라운 일은 이기심이 자기 자신을 그들과 함께 미워하고, 자기 자신의 타도를 위해 음모를 꾸미며, 심지어 자기 자신의 파멸마저 노리는 일도 열심히 한다는 것이다. 결국 이기심이 염려하는 것은 오로지 자기 자신의 존속뿐이고, 자기 자신이 존속할 수 있는 한, 기꺼이 자기 자신의 적이 된다.

그러므로 이기심이 때로는 가장 엄격한 금욕과 손을 잡는다 해도, 그리고 자신을 파괴하기 위해 그러한 금욕과 손을 잡은 채 과감하게 행동을 개시한다 해도 놀랄 이유는 전혀 없다. 왜냐하면 이기심은 한 곳에서 자신을 파괴함과 동시에 다른 곳에서는 자신을 회복하기 때문이다. 이기심이 즐거움을 포기했다고 우리가 생각할 때 이기심은 그 즐거움을 잠시 유보했거나 다른 즐거움으로 바꾸었을 뿐이다. 심지어 이기심이 패배했고 우리가 그것에서 벗어났다고 믿을 때마저도 이기심은 자기 자신의 패배에서 승리를 거두면서 다시 나타난다.

이것이 이기심의 초상화다. 이기심의 일생은 오랜 기간에 걸친 격심한 동요에 불과하다. 바다는 이기심의 모습을 구체적으로 드러낸다. 끊임없이 이어지는 밀물과 썰물의 파도들은 이기심의 생각들의 연속적인 소용돌이, 그리고 그 영원한 움직임을 충실한 표현하는 것이다.

#*2*

모든 열정들은 피가 더워지거나 식는 데 따라 변하는 여러 가지 온도에 불과하다.

#*3*

행운을 누릴 때의 절제는 행운에 지나치게 도취되어 초래할 수치에 대한 염려, 또는 우리가 현재 가지고 있는 것의 상실에 대한 두려움에 불과하다.

#*4*

절제는 음식을 삼가는 것과 같다. 우리는 음식을 더 먹고 싶은 마음이 간절하겠지만 몸을 해칠까 두려워하는 것이다.

#*5*

누구나 다른 사람들이 자기 안에서 찾아내어 비난하는 바로 그 결점을 자기도 다른 사람들 안에서 찾아내어 비난한다.

#*6*

오만은 인간희극의 모든 배역을 혼자 다 연기한 다음에 마치 자기 자신의 술책들과 다양한 변신에 싫증이 나기라도 한 듯이, 본래의 얼굴을 한 자신을 보여주고 불손한 태도로 자신을 드러낸다. 그래서 정확하게 말하자면, 불손함은 오만의 눈부신 광채, 오만의 선언이다.

#7

사소한 일들을 위해 적합한 재능을 만들어내는 기질은 큰일들을 위해 적합한 재능을 만들어내는 데 필요한 기질과 상반된다.

#8

우리가 어느 정도까지 불행해져야만 하는지 아는 것도 일종의 행복이다.

#9

우리는 결코 자기가 믿는 것만큼 불행하지도 않고, 결코 자기가 기대하는 것만큼 행복하지도 않다.

#10

우리는 자신이 불행한 듯이 남들에게 보이는 데서 찾아내는 어떤 즐거움을 통해 자신의 불행한 처지에 대해 흔히 스스로 위로한다.

#11

자기 운명을 어떻게 할 것인지 보장할 수 있기 위해서는 자기 운명이 무엇인지 먼저 보장할 수 있어야만 할 것이다.

#12

우리는 현재 자신이 원하는 것도 정확하게 알지 못하는데 어떻게 미래에 자신이 원할 것에 대해 보장할 수 있겠는가?

#13

사랑과 사랑을 하고 있는 사람의 영혼 사이의 관계는 정신과 정신으로부터 활력을 받는 육체 사이의 관계와 같다.

#14

정의란 우리의 소유물을 다른 사람이 빼앗아갈 것이라고 여기는 생생한 두려움에 불과하다. 이 두려움은 우리가 이웃 사람의 모든 이익을 배려하고 존중하며, 그를 조금도 해치지 않으려고 세심하게 애쓰도록 만든다. 이 두려움은 사람을 신분이나 운명이 그에게 부여한 재산의 범위 안에 머물러 있도록 억제한다. 이 두려움이 없다면 그는 끊임없이 다른 사람들을 공격할 것이다.

#15

온건한 판사들에게 있어서 정의란 자신의 승진에 대한 사랑에 불과하다.

#16

우리가 불의를 비난하는 것은 그것에 대한 혐오 때문이 아니라 그것이 우리에게 끼치는 피해 때문이다.

#17

친구들의 행복에 대해 우리가 제일 먼저 느끼는 기쁨은 우리의 본성의 호의에서 나오는 것도, 그들에 대한 우리의 우정에서 나오는 것도 아니다. 그것은 다음번에는 우리도 행복하게 될 것이라고 기대하도록, 또는 그들의 행운으로부터 유익한 어떤 것을 얻을 것이라고 기대하도록 우리를 부추기는 이기심의 산물이다.

#*18*

가장 절친한 친구들이 겪는 역경 속에서도 우리는 자기에게 불쾌하지 않은 어떤 것을 언제나 찾아낸다.

#*19*

이기심은 스스로 변신하는 힘을 가지고 있는 것이 부족하기라도 하듯 자기 대상들을 변모시키는 힘을 지녔으며 참으로 놀라운 방식으로 변모한다. 이기심은 사물들을 너무나도 잘 위장시키고 자기 자신마저 속을 뿐만 아니라, 모든 사물의 여건과 본성도 변모시킨다.

사실 어떤 사람이 우리를 반대하고 미워하고 박해할 때 우리의 이기심은 그의 행동들을 가장 엄격한 정의를 기준으로 판단한다. 우리의 이기심은 그의 결점들을 극도로 확대하고, 그의 장점들을 극도로 불리하게 보이도록 만들어 장점들이 결점들보다 더 지겨운 것이 되게 한다. 그러나 동일한 그 사람이 우리에게 호의적이거나 개인적 이해관계들 가운데 한 가지 때문에 우리가 그와 화해했을 때에는 그의 결점들은 그늘에 묻히고 장점들은 종전보다 더 유리한 위치를 차지하게 된다. 우리는 그가 우리에게 가했던 공격을 정당화하기 위해 모든 관용을 아낌없이 베푼다.

모든 열정들이 이 진실을 드러낸다 해도 사랑은 다른 열정들보다 더 명확하게 보여준다. 사랑을 하는 사람이 자기 애인의 소홀함이나 배신에 대해 격분할 때, 우리는 그가 이 사랑의 열정이 복수를 위해 고취할 수 있는 모든 난폭한 일들을 생각한다는 것을 알 수 있다. 그러나 그녀가 나타나서 그의 격분이 가라앉았을 때에는 그의 황홀감이 아름다운 그녀의 모든 혐의를 벗겨주고, 그는 오로지 자기 자신만을 탓하며, 자기가 그녀를 비난한 사실을 비난한다. 이기심의 기적적인 힘에 의해 그는 애인의 나쁜 행동들이 악랄한 것이 아니라고 여기게 되고, 오히려 자기가 악랄하다고 자인한다.

#20

사람들이 눈먼 소경처럼 되는 것은 그들에게 오만으로 인한 가장 위험한 효과다. 오만은 그러한 상태를 돌보고 격화시키며, 우리의 불행을 완화시키고 우리의 결점을 제거해줄 수 있는 치료법을 우리가 전혀 모르도록 만든다.

#21

우리가 다른 사람들에게서 판단력을 찾아보기를 더 이상 기대하지 않는다면, 우리 자신이 판단력을 더 이상 지니지 못하고 있는 것이다.

#22

아테네의 미친 사람(항구에 들어오는 모든 배가 자기의 것이라고 생각했던 트라실로스 Thrasyllos를 가리킨다.)은 자기가 부자라고 생각했는데 의사가 그러한 생각을 하지 못하도록 병을 고쳐주었다고 불평했다. 그 사람과 마찬가지로 우리도 우리가 우리 자신을 알아야만 한다고 가르치는 사람들에 대해 똑같이 불평할 이유가 있다.

#23

특히 세네카 Seneca (로마의 스토아학파 철학자, 정치가, 비극작가)를 비롯한 모든 철학자들은 그들의 규범들에 의해 범죄를 없애지는 않았다. 그들은 자기 자신의 오만을 확고히 다지기 위해 규범들을 이용했을 뿐이다.

#24

가장 현명한 사람들은 하찮은 일들에 대해서는 현명하지만 자신의 가장 중대한 일들에 대해서는 결코 현명하지 않다.

#25

가장 교활한 어리석은 짓은 가장 교활한 지혜가 저지른다.

#26

음식에 대한 절제는 건강에 대한 애착 또는 많이 먹지 못하는 무능력이다.

#27

나무들 하나하나와 마찬가지로 사람들의 모든 재능은 제각기 고유한 특질과 결과를 가지고 있다.

#28

우리는 어떤 것에 관해 말하기에 지쳤을 때보다 그것을 더 잘 잊어버리는 경우는 결코 없다.

#29

칭찬을 거절하는 듯이 보이는 겸손은 좀 더 세련된 형식으로 칭찬을 받고 싶어하는 욕망에 불과하다.

#30

우리는 오로지 사리사욕 때문에만 악덕을 비난하고 미덕을 칭찬한다.

#31

우리에게 부여된 칭찬은 적어도 우리가 미덕을 실천하도록 돕는다.

#32

재능, 용기, 아름다움에 부여된 칭찬은 그것들을 증가시키고 완성시키며, 그것들 자체가 달성할 수 있는 것보다 더 큰 효과를 내게 만든다.

#33

우리의 이기심은 우리에게 아첨하는 사람이 우리에게 가장 많이 아첨하는 사람이 결코 되지 못하게 막아준다.

#34

격정적인 기질에서 나오는 사소하고 거의 무죄한 분노가 있는가 하면, 매우 중대한 범죄가 되는 분노, 정확하게 말하자면, 오만의 격분이 있다. 그럼에도 불구하고 사람들은 분노의 서로 다른 종류들을 전혀 차별하지 않는다.

#35

위대한 인물이란 보통사람보다 열정이 더 적고 미덕이 더 많은 사람을 가리키는 것이 아니라 오로지 더 큰 계획을 가지고 있는 사람만 의미한다.

#36

이기심보다는 선천적 잔인성이 더 적은 수효의 사람들을 잔인하게 만든다.

#*37*

여자들의 정숙함이란 흔히 정숙한 듯이 보이려는 술책에 불과하다고 한 어느 이탈리아 시인의 말은 우리의 모든 미덕에게도 적용될 수 있는 것이다.

#*38*

세상 사람들이 미덕이라고 부르는 것은 대개 우리의 열정들이 빚어낸 환상에 불과하다. 그런데 우리는 처벌을 받지 않은 채 자기가 원하는 대로 할 수 있도록 그것에 고상한 명칭을 부여한다.

#*39*

우리는 허영 때문에 하지 않는 한, 자신의 결점들을 절대로 고백하지 않는다.

#*40*

사람에게는 극단적 선도, 극단적 악도 있을 수 없다.

#41

중대한 범죄를 저지를 능력이 없는 사람들은 다른 사람들이 그러한 죄를 범했다고 쉽게 의심하지 않는다.

#42

장례식의 화려함은 죽은 사람의 영예보다 살아 있는 사람들의 허영을 더 존중하는 것이다.

#43

세상이 아무리 불확실하고 다양한 듯이 보인다 해도, 그 안에서 우리는 어떤 은밀한 상호연관성, 그리고 태고 때부터 섭리가 주관하는 질서를 여전히 본다. 섭리는 모든 사물이 각자 자신의 고유한 범위 안에서 전진하고 자신의 운명의 길을 따르도록 만든다.

#44

대담성은 음모가 진행되는 동안 마음을 지탱해준다. 반면, 전쟁의 위험에 직면했을 때 마음에게 필요한 모든 단호함은 오로지 용기만이 공급해준다.

#45

승리를 그 기원에 비추어서 정의하고 싶어하는 사람들은 시인들처럼 그것을 하늘의 딸이라고 부르고 싶은 충동을 느낄 것이다. 왜냐하면 우리는 승리의 기원을 지상에서 발견하지 못하기 때문이다. 사실 승리는 무수한 행동이 만들어내는 것인데, 이 행동들은 승리를 목표로 삼기는커녕 그 행동을 하는 사람의 개인적 이익만을 노리는 것이다. 왜냐하면 군대를 구성하는 모든 사람은 자기 자신의 영예와 승진을 노리면서도 이토록 막대하고 보편적인 이익을 마련하기 때문이다.

#46

한 번도 위험에 직면해 보지 못한 사람은 자신의 용기를 장담할 수 없다.

#47

모조품은 언제나 기분 나쁜 것이다. 그래서 진품일 때에는 사람들을 매혹시키는 바로 그 사물들이 가짜인 경우에는 사람들을 불쾌하게 만든다.

#*48*

모든 사람이 구비하고 있는 보편적 선의와 탁월한 술책을 구별하기는 매우 어렵다.

#*49*

우리가 항상 선량한 사람이 될 수 있기 위해서는 다른 사람들이 우리에게 나쁜 짓을 하면 결코 처벌을 면할 수 없다는 것을 그들이 믿어야만 한다.

#*50*

다른 사람을 기쁘게 해 줄 수 있다는 자만심은 흔히 남을 어김없이 불쾌하게 만드는 수단이다.

#*51*

우리는 자기가 보는 것 이상으로는 아무것도 믿기가 어렵다.

#52

자기 자신에 대한 신뢰는 다른 사람들에 대한 신뢰의 대부분을 낳는다.

#53

온 세상의 운명뿐만 아니라 사람들의 정신적 취향도 바꾸는 보편적 혁신이 있다.

#54

진실은 완전함과 아름다움의 기초이며 이유다. 어떠한 본성의 사물이든 그 나름대로 되어야만 하는 바로 그 사물 자체가 아닌 한, 그리고 마땅히 갖추어야만 하는 모든 것을 구비하지 않는 한, 아름다울 수도 완전할 수도 없다.

#55

어떤 아름다운 사물들은 지나치게 완전하게 만들어진 때보다 불완전한 상태에 머물러 있을 때 더욱 눈부시다.

#56

아량은 오만의 고상한 노력이다. 이 노력을 통해서 오만은 인간을 만물의 지배자로 만들기 위해 자기 자신의 지배자로 만든다.

#57

모든 사람들에게 있어서 신분의 사치와 지나친 예의는 그들에게 퇴폐의 확실한 징조다. 왜냐하면 모든 개인이 각자 자신의 이익에만 집착하고 공익은 외면하기 때문이다.

#58

군주들에게 실시된 교육은 그들에게 고취된 제2의 이기심이다.

#59

철학자들이 자기 목숨을 버려서 불멸의 명성을 얻기 위해 겪는 고통만큼, 죽음이 불행이 아니라고 하는 그들의 주장을 그들 자신이 별로 확신하지 못한다는 사실을 더 잘 증명해주는 것은 없다.

#60

모든 열정들 가운데 우리 자신에게 가장 덜 알려진 것은 바로 게으름이다. 비록 우리가 게으름의 폭력은 느낄 수 없고 또 그 피해가 잘 숨겨져 있다고 해도, 게으름은 모든 열정 가운데 가장 격렬하고 가장 사악하다.

우리가 게으름의 힘을 주의 깊게 관찰해 본다면, 게으름이 모든 경우에 있어서 우리의 감정, 이익, 즐거움을 지배한다는 것을 알 수 있을 것이다. 게으름은 가장 큰 배들도 정지시킬 수 있는 힘을 지닌 장애물이다. 가장 중요한 일에 대해서는 게으름이 암초와 가장 격심한 태풍보다 더 위험하다.

게으름의 휴식은 영혼이 느끼는 은밀한 매력인데 이것은 가장 열렬한 추구와 가장 확고한 결의를 갑자기 중단시킨다.

게으름이라고 하는 이 열정에 관한 올바른 개념을 제공하기 위해 끝으로 말하자면 이렇게 말할 필요가 있다. 즉, 게으름은 영혼이 지극히 행복한 상태와도 같아서, 영혼이 입은 모든 손해에 대해 영혼을 위로하고, 영혼이 잃은 모든 이익을 대신한다.

#61

우리는 운명이 자기가 원하는 대로 조종하는 여러 상이한 행동들을 여러 가지 미덕으로 만든다.

#62

사랑하고 있을 때 사랑에서 벗어나기보다는 사랑하고 있지 않을 때 사랑에 빠지기가 더 쉽다.

#63

대부분의 여자들은 열정보다는 오히려 나약함 때문에 굴복한다. 따라서 여자에게 대담한 남자들이 비록 다른 사람들보다 더 사랑스럽지 못하다 해도 대개 그들보다 성공을 더 잘 거둔다.

#64

사랑에 있어서는 상대방을 거의 사랑하지 않는 것이 자신이 사랑을 받는 확실한 방법이다.

#65

사랑하는 남녀는 자기들의 사랑이 언제 끝날 것인지 알고 싶어서 솔직하게 서로 물어본다. 그런데 그 솔직함이란 상대방이 자기를 더 이상 사랑하지 않을 때에 관해 미리 경고를 받고 싶기 때문이라기보다는 오히려 상대방이 자기를 사랑하지 않는다고는 말하지 않을 때 자신이 사랑받고 있다고 한층 더 다짐하기 위한 것이다.

#66

사랑과 가장 적절하게 비교될 수 있는 것은 열병이다. 우리는 어느 쪽에 대해서든 그것의 난폭한 힘이나 지속기간을 좌우할 능력이 더 이상 없다.

#67

재능이 가장 적은 사람의 가장 큰 재능은 다른 사람들의 훌륭한 인도에 복종할 줄 아는 데 있다.

#68

자기 내면에서 안식을 찾지 않는 사람은 다른 곳에서 찾아도 아무 소용이 없다.

#69

우리는 사랑을 하거나 그만두는 것을 결코 자기 마음대로 할 수 없다. 따라서 남자가 자기 애인의 변덕에 대해 불평하는 것도, 여자가 자기 애인의 경솔함에 대해 불평하는 것도 옳을 수가 없다.

#70

사랑을 하는 데 대해 싫증이 났을 때 우리는 상대방의 배신을 매우 기뻐한다. 그것은 우리가 상대방에게 충실해야만 할 의무에서 벗어나게 해주기 때문이다.

#71

우리의 비밀을 우리 자신이 지킬 수 없다면, 어떻게 다른 사람이 그것을 지켜주기를 기대할 수 있겠는가?

#72

마음껏 게으름을 부리고 나서는 부지런한 듯이 보이려고 하는 게으른 사람들만큼 심하게 다른 사람들을 재촉하는 사람은 하나도 없다.

#*73*

우리가 친구들의 우정이 식어가는 것을 깨닫지 못한다면, 그것은 우리의 우정이 빈약하다는 증거다.

#*74*

군주들은 주화들을 제조하듯이 사람들을 만든다. 그들은 자기가 원하는 대로 주화들의 액면 가액을 정하고 우리는 그것들을 실질 가치가 아니라 통용되는 액면 가액에 따라 받아들이도록 강제된다.

#*75*

우리는 자기 이익에 전적으로 몰두해 있어서, 우리 자신이 미덕들로 여기는 것이 흔히는 미덕들처럼 보이는 악덕들, 이기심이 미덕들인 듯이 위장해서 우리에게 보여주는 악덕들에 불과하다.

#*76*

어떤 범죄들은 너무나도 눈부시고, 많고, 극단적인 것이기 때문에 무죄한 것이 되기도 하고 영광스러운 것이 되기도 한다. 따라서 공공연한 도둑질은 솜씨 좋은 일이 되고 불법으로 남의 영토를 차지하는 것은 정복이라고 불린다.

#77
우리는 자신의 희망과 욕망보다는 감사하는 마음을 더 기꺼이 제한한다.

#78
친구들을 잃을 때 우리는 그들의 가치를 고려해서 언제나 애석하게 여기는 것은 아니다. 오히려 그들이 우리에게 필요한 존재라는 점, 그리고 그들이 평소에 우리에 대해 내렸던 좋은 평가를 고려해서 그러한 것이다.

#79
사람의 눈과 태도에 웅변이 깃들여 있는데 그것은 말의 웅변만큼 설득력이 강하다.

#80

우리는 다른 사람들을 꿰뚫어보기를 좋아하지만 남들이 자기를 꿰뚫어보는 것은 좋아하지 않는다.

#81

지나치게 엄격한 식이요법으로 건강을 유지하는 것은 지루한 질병이다.

#82

다른 사람에서 교태를 부리고 난 직후에 우리는 애인을 만나보는 것이 항상 두렵다.

#83

자기 결점들을 고백할 힘이 있을 때 우리는 그 결점들을 달래야 한다.

저자가 죽은 뒤
알려진 잠언
(1~66)

#1

세상에서 가장 행복한 사람은 가진 것이 별로 없어도 만족하는 사람이다. 이런 면에서 본다면 위인들과 야심가들은 가장 비참하다. 왜냐하면 그들이 행복해지기 위해서는 무한한 것들의 소유가 필요하기 때문이다.

#2

술책은 빈약한 솜씨에 불과하다.

#3

철학자들은 우리가 재산을 나쁘게 사용하기 때문에 재산을 비난하는 것에 불과하다. 범죄를 저지르지 않은 채 그것을 얻고 또 사용하는 것은 우리에게 달린 일이다. 또한 장작이 불길을 유지하고 강하게 만드는 것처럼 재산이 악덕들을 배양하고 증가시키는 대신에, 우리는 재산을 모든 미덕을 위해 재산을 바칠 수 있고, 그러한 방식으로 더욱 바람직하고 더욱 빛나는 것으로 만들 수가 있다.

#4

이웃사람의 파멸은 친구들과 적들을 다 같이 기쁘게 한다.

#5

누구나 자기가 다른 사람들보다 더 영리하다고 생각한다.

#6

온 세상은 겨 묻은 개를 나무라는 똥 묻은 개로 가득 차 있다.

#7

허영의 모든 종류는 일일이 헤아릴 수가 없다.

#8

우리가 미덕들의 허위성을 입증하는 격언들을 흔히 인정하지 않는 이유는 자기 자신의 미덕들이 진정한 것이라고 너무 쉽게 믿기 때문이다.

#9

우리는 모든 것이 유한한 존재인데도 모든 것을 두려워한다. 그리고 자기 자신은 영원한 존재라도 되는 듯이 모든 것을 바란다.

#10

신은 자연 속에 서로 다른 종류의 나무들을 심어놓은 것과 마찬가지로 사람들에게도 각기 다른 재능을 주었다. 그래서 나무는 물론이고 재능도 제각기 고유한 특성을 지니고 고유한 효과를 초래한다. 따라서 세상에서 가장 좋은 배나무는 가장 흔한 사과를 맺을 수 없고, 가장 탁월한 재능은 가장 흔한 재능의 효과와 똑같은 효과를 낼 수 없을 것이다. 그러므로 격언을 만들어낼 재능을 지니지도 못한 주제에 격언을 만들기를 바라는 것도 튤립의 구근을 화단에 심지 않았으면서도 화단에서 튤립이 꽃피기를 바라는 것과 마찬가지로 우스꽝스러운 짓이다.

#11

인간이 현재 상태와 똑같이 예전에 창조되지는 않았다는 것에 대한 설득력이 있는 증거는 인간은 이성적이 되면 될수록 방종, 비열함, 자신의 감정과 성향의 타락에 대해 마음속으로 더욱 부끄럽게 여긴다는 사실이다.

#12

우리는 다른 사람들이 진실을 우리에게 숨긴다고 해서 화를 내서는 안 된다. 왜냐하면 우리도 매우 자주 자기 자신에게 진실을 숨기기 때문이다.

#13

철학자들은 우리가 죽음을 경멸해야만 한다고 설득하기 위해 애쓰는데, 죽음이 얼마나 무서운 것인지에 대해 바로 이것보다 더 잘 증명해주는 것도 없다.

#14

여러 가지 미덕들의 경계선에 게으름을 매우 의도적으로 놓아둔 것은 바로 악마인 듯하다.

#15

행복이 끝나는 것은 불행이고 불행이 끝나는 것은 행복이다.

#16

우리는 다른 사람들의 결점들을 쉽게 비난한다. 그러나 자기 결점들을 고치기 위해 남의 결점들을 이용하는 경우는 드물다.

#17

우리에게 닥치는 행운과 불운은 그것이 얼마나 심한가에 따라서가 아니라 우리가 얼마나 심하게 느끼는가에 따라서 우리에게 영향을 미친다.

#18

자신의 귀족신분을 지나치게 높이 평가하는 사람들은 대개 그 귀족신분의 시초에 대해서는 충분히 평가하지 않는다.

#*19*

질투의 치료약은 우리가 두려워하는 것에 대한 확실한 지식이다. 왜냐하면 그것이 삶을 끝내거나, 아니면 사랑을 끝내기 때문이다. 그것은 가혹한 치료약이지만 의혹과 추측보다는 더 부드럽다.

#*20*

모든 사람들 사이에 유사성과 상이함이 얼마나 극심한지는 이해하기가 어렵다.

#*21*

사람의 속마음을 드러내주는 격언들을 우리가 매우 심하게 반대하는 이유는 그 잠언들에 의해 자신의 속셈이 드러나는 것을 두려워하기 때문이다.

#*22*

사람은 어떤 것을 간절히 원한다면 자기가 원하는 것을 항상 할 수가 있다.

#23

인간은 너무나 비참하다. 그래서 자신의 열정을 만족시키기 위해 모든 행동을 하면서 열정의 압제 밑에서 끊임없이 신음한다. 그는 열정의 압제도 견딜 수가 없고, 열정의 멍에에서 벗어나기 위해 자신에게 가해야만 하는 혹사도 견디어 낼 수 없다. 그는 자신의 결점뿐만 아니라 그 결점의 치료법도 지긋지긋하게 여긴다. 또한 자신의 질병의 괴로움에도, 그것을 치료하는 일에도 순응할 수 없다.

#24

신은 원죄에 대해 인간을 처벌하기 위해서 인간이 이기심을 우상으로 삼아 섬기도록 허용했다. 그것은 인간이 평생 동안 자신의 모든 행동에서 그것에게 시달리도록 한 것이다.

#25

희망과 두려움은 분리될 수 없는 것이다. 그래서 희망 없는 두려움도 없고, 두려움 없는 희망도 없다.

#26

우리의 사랑을 받는 사람들이 우리에게 행사하는 힘은 우리가 자신에게 행사하는 힘보다 항상 더 강하다.

#27

다른 사람들이 결점을 가지고 있다고 우리가 이토록 쉽게 믿는 이유는 자신이 바라는 것을 믿기가 쉽기 때문이다.

#28

사리사욕은 이기심의 영혼이다. 그래서 영혼을 박탈당한 육체가 시각도 청각도 의식도 감정도 움직임도 없는 것과 마찬가지로, 굳이 말해야만 한다면, 사리사욕을 박탈당한 이기심도 보거나 듣거나 느끼거나 움직이는 일을 전혀 하지 않는다.

따라서 사리사욕을 위해서 육지와 바다를 돌아다니는 사람이 다른 사람의 이익을 위해서는 갑자기 온몸이 마비된다. 또한 우리는 우리의 일에 관한 이야기를 하면 듣는 사람들에게 갑자기 혼수상태와 죽은 듯한 상태를 초래하지만 우리 이야기 안에 그들의 개인적인 이해관계를 도입하면 그들은 즉시 되살아난다.

그러므로 우리의 대화와 상담에 있어서 동일한 사람이 멍해지거나 제정신을 차리거나 하는 것은 그의 이익이 그에게 가깝거나 멀리 떨어져 있거나 하는 데에 달려 있는 것이다.

#29

우리가 남을 칭찬하는 것은 그 칭찬에서 이익을 얻기 위해서 일 뿐이다.

#30

열정들이란 이기심의 다양한 취향들에 불과하다.

#31

극도의 지루함은 우리가 지루함을 벗어나게 해준다.

#32

우리가 대부분의 일을 칭찬하거나 비난하는 이유는 그것들을 칭찬하거나 비난하는 것이 유행이기 때문이다.

#33

입을 다물고 있는 것이 두렵다는 이유 때문에 말을 할 때보다 더 말을 잘하기가 어려운 때는 결코 없다.

#34

사람들이 힘이라고 부르는 것은 보유하려는 욕망과 상실에 대한 두려움을 제거하면 남는 것이 별로 없을 것이다.

#35

친밀함은 사회생활의 거의 모든 규범을 무시한다. 이것은 사람들이 편리한 생활이라고 부르는 것을 우리가 누리도록 하기 위해 방종이 사회 안에 도입한 것이다. 이것은 이기심의 효과인데, 이기심은 모든 것을 우리의 나약함에 적응시키려 하기 때문에 우리를 좋은 풍습이 강제하는 정직한 복종에서 이탈시키며, 풍습을 우리에게 편리한 것으로 만드는 수단을 지나치게 많이 추구하기 때문에 풍습을 악습으로 타락시킨다.

여자들은 선천적으로 남자보다 약하기 때문에 이러한 무시에 더 빨리 떨어지고 그 안에서 더 많이 잃는다. 즉, 여성의 권위는 유지되지 못하고 여성에게 표시해야 마땅한 존경이 감소된다. 그리고 예의 바른 행동이 그 권리의 대부분을 잃는다고 우리는 말할 수 있다.

#*36*

농담은 정신이 좋아하는 유쾌한 놀이다. 농담은 대화를 즐겁게 만들며, 점잖은 것일 때에는 모인 사람들을 결속시키고, 그렇지 않을 때에는 그들을 성가시게 한다. 농담은 그것을 참는 사람보다는 그것을 하는 사람을 위한 것이다. 언제나 농담은 허영이 만들어내는 날카로운 재치의 싸움이다.

따라서 농담을 지탱할 재치가 없는 사람들, 그리고 결점에 대한 비난에 얼굴을 붉히는 사람들은 자신이 용서할 수 없는 모욕적 패배의 경우와 마찬가지로 농담에 대해서 똑같이 화를 낸다.

농담은 독이다. 완전히 순수할 때에는 우정을 말살하고 증오를 촉진하지만, 재치의 매력과 칭찬의 아첨으로 수정될 때에는 우정을 얻거나 보존한다. 그래서 우리는 친구들과 나약한 사람들에게는 농담을 아끼고 절제해야 한다.

#*37*

경건해지기를 원하는 사람은 많지만 겸손해지기를 바라는 사람은 없다.

#38

육체노동은 사람들을 정신적 고통에서 해방시킨다. 그리고 가난한 사람들을 행복하게 만드는 것은 바로 이것이다.

#39

진정한 고행의 행동들은 아무도 볼 수 없는 것이다. 그 이외의 행동들을 허영은 쉬운 것으로 만들어준다.

#40

겸손은 우리가 그 위에 제물을 바치기를 신이 바라는 제단이다.

#41

현명한 사람을 행복하게 만드는 데는 필요한 것이 별로 없다. 아무것도 어리석은 사람을 만족시킬 수 없다. 많은 사람들이 비참한 것은 바로 이 이유 때문이다.

#*42*

우리는 자기가 행복하게 되기 위해서보다는 자기가 행복하다고 다른 사람들이 믿게 만들기 위해 더 애쓴다.

#*43*

최초의 욕망을 억누르는 것이 그 이후에 일어나는 모든 욕망을 만족시키는 것보다 더 쉽다.

#*44*

지혜와 영혼의 관계는 건강과 육체의 관계와 같다.

#*45*

지상의 권력자들은 육체의 건강도 정신의 평온함도 줄 수 없다. 그래서 우리는 그들이 할 수 있는 모든 좋은 일에 대해 너무 비싼 대가를 항상 치른다.

#46

어떤 것을 간절히 바라기 전에 우리는 그것을 가지고 있는 다른 사람의 행복이 어떤 것인지 살펴보아야 한다.

#47

진정한 친구는 모든 좋은 것들 가운데 가장 좋은 것이고, 또한 우리가 그것을 얻을 수 있는 가능성이 가장 적다고 여기는 것이다.

#48

사랑을 하는 남자들은 애인에게 매혹된 상태가 끝날 때까지는 애인의 결점들을 결코 보지 못한다.

#49

신중함과 사랑은 공존할 수 없다. 사랑이 증가할수록 신중함은 더욱 줄어든다.

#50

질투하는 아내가 있는 것은 남편에게 때로는 기분 좋은 일이다. 그는 자신이 사랑하는 것에 관한 말을 항상 듣는다.

#51

여자가 사랑과 미덕을 겸비한다면 얼마나 많은 동정을 받아야 마땅한가!

#52

현명한 사람들은 싸워서 이기는 것보다는 싸움에 참가하지 않는 것이 자기에게 더 이익이라고 본다.

#53

책들보다는 사람들을 연구하는 것이 더 필요하다.

#54

행복이나 불행은 이미 매우 행복하거나 매우 불행한 사람에게 일반적으로 닥친다.

#55

정숙한 여자는 숨겨진 보물이다. 그것을 발견한 남자는 자랑하지 않는 것이 제일 좋을 것이다.

#56

우리는 사랑에 너무 깊이 빠져 있다면 더 이상 사랑받지 못하는 때를 깨닫기가 어렵다.

#57

우리는 칭찬받기 위해서만 자기 자신을 책망한다.

#58

우리는 자기가 지루하게 만드는 상대방 사람들에 대해 거의 지루하게 느낀다.

#*59*

자기가 사랑받고 있다고 믿는 것보다 더 당연하거나 더 속이는 것은 없다.

#*60*

우리는 자기에게 혜택을 베푸는 사람들보다는 자기의 혜택을 받고 있는 사람들을 보기를 더 좋아한다.

#*61*

자신이 느끼지도 않는 감정을 느끼는 척하기보다는 자기가 느끼는 감정을 숨기는 것이 더 어렵다.

#*62*

깨진 적이 전혀 없는 우정보다는 회복된 우정이 한층 더 세심한 주의를 요구한다.

#63

자신이 아무도 좋아하지 않는 경우는 아무도 자신을 좋아하지 않는 경우보다 훨씬 더 불행하다.

#64

여자들의 지옥은 노년기다.

#65

귀족들이 자기 신분에 속하지 않는 각료들에게 하는 복종의 맹세와 궁중에서 취하는 비굴한 행동은 친절한 사람들의 비겁한 행동이다.

#66

정직함은 어느 특정 신분에도 속하지 않고 모든 신분에 보편적으로 속한다.

Part 4

성찰

#1 진실

어떠한 대상에 관한 진실이든 다른 대상에 관한 진실과 비교됨으로써 그 진실성이 소멸될 수는 없다. 또한 두 가지 대상 사이에 어떠한 차이가 있든 어느 한쪽의 진실이 다른 쪽의 진실 때문에 그 진실성이 소멸될 수는 결코 없다. 두 가지 가운데 어느 한쪽이 더 광범위하거나 더 현저하게 보일 수는 있지만, 두 가지는 언제나 대등하게 진실한 것이다. 다시 말하면, 더 큰 대상에 관한 진실이 더 작은 대상에 관한 진실보다 한층 더 진실한 것은 아니다.

전쟁의 기술은 시를 짓는 기술에 비해서 더 광범위하고 더 고귀하고 더 찬란하다. 그러나 시인과 정복자는, 그들이 진정한 시인과 정복자인 한, 대등하게 서로 비교가 될 수 있고, 입법자와 화가 등의 경우도 마찬가지이다.

스키피오Scipio와 한니발Hannibal, 파비우스 막시무스Fabius Maximus와 마르켈루스Marcellus의 경우처럼, 동일한 종류의 두 인물이 서로 다르고 심지어는 서로 반대될 수도 있다. 그러나 그들의 공적은 각각 진실한 것이기 때문에 계속해서 공존하며, 비교를 통해서 어느 한쪽이 소멸되는 일은 결코 없다. 알렉산더Alexander와 카이사르Caesar는 각각 왕국을 물려주었고, 가난한 과

부는 동전 한 닢을 자선 헌금 통에 넣었다. 이 두 종류의 선물이 아무리 서로 다르다 해도, 후하게 베푸는 마음은 각각 진실하고 대등하며, 그들은 각자 자신의 처지에 맞게 베푼 것이다.

어느 인물은 다수의 진실을 지니는 반면, 어느 인물은 단 한 가지의 진실만 지닐 수도 있다. 다수의 진실을 지니는 인물이 가치가 더 클 수도 있고, 다른 사람보다 더 뚜렷하게 두각을 드러낼 수도 있다. 그러나 각자 진실하다는 측면에서는 두 사람이 모두 두각을 드러낸다. 에파미논다스Epaminondas는 위대한 장군, 훌륭한 시민, 위대한 사상가였다. 그는 베르길리우스Vergilius 보다 더 많은 진실을 지녔기 때문에 더 많은 존경을 받을 만했다. 그러나 위대한 장군인 에파미논다스가 위대한 시인인 베르길리우스보다 더 탁월한 것은 아니었다. 왜냐하면 각자 진실하다는 측면에서 볼 때 에파미논다스의 진실성이 베르길리우스의 진실성보다 더 나은 것은 아니기 때문이다. 까마귀의 두 눈을 멀게 했다는 죄로 집정관에게서 사형선고를 받은 소년의 잔인성은 자기 아들을 감옥에 가두어 죽게 만든 펠리페Felippe 2세의 잔인성보다 덜 심한가 하면, 펠리페 2세의 다른 수많은 악행들을 동반하지도 않았을 것이다. 그러나 하찮은 동물에 가해진 잔인성은 가장 잔인한 통치자들의 잔인성과 대등하게 취급될 수도 있다. 왜냐하면 그것은 정도는 달라도 양자의 잔인성은 똑같이 진실한 것이기 때문이다. 각각 나름대로 아름답게 건축된 두 채의 저택이 아무리 규모의 차이가 있다고 해도 그 어느 쪽의 아름다움도 다른 쪽의 아름다움 때문에 소멸될 수 없다. 샹티이Cahntilly 성이 아무리 아름답다 해도 리앙쿠르Liancourt 성의 아름다움을 소멸시킬 수 없고 리앙쿠르 성의 아름다움도 샹티이 성의 아름다움을 소멸시킬 수 없다. 왜냐하면 샹티이 성의 아름다움은 콩데Conde 공작의 높은 지위에 적합한 것이고, 리앙쿠르 성의 아름다움은 그것을 소유한 개인에게 적합하며, 양자의 아름다움은 모두 진실한 것이기 때문이다.

눈부시게 아름답지만 천박한 여자들이 그들보다 참으로 더 아름다운 여자들을 압도하는 경우가 많은 것도 사실이다. 그러나 편견에 쉽게 좌우되는 취향이 아름다움을 판단하고, 가장 아름다운 여자들도 언제나 변함없이 아름다운 것도 아니다. 그래서 만일 덜 아름다운 여자가 더 아름다운 여자를 압도하는 경우, 그것은 잠시만 그러할 뿐일 것이다. 왜냐하면 햇빛과 조명의 변화에 따라 얼굴이나 안색의 실상이 드러나는 정도가 다르듯이, 덜 아름다운 여자의 아름다운 면을 드러내는 반면, 더 아름다운 여자의 아름다운 면을 감추기도 하기 때문이다.

● 스키피오 Scipio Africanus Major(BC 237~183), 파비우스 막시무스 Fabius Maximus Cunctator(BC 275~203), 마르켈루스 Marcus Claudius Marcellus(BC 268~208) : 제2차 포에니 전쟁 때 로마군대의 총사령관들이다.

- **한니발 Hannibal(BC 247~182)** : 제2차 포에니 전쟁 때 카르타고 군대의 총사령관이다.
- **알렉산더 Alexander 대왕(BC 356~323)** : 마케도니아 제국을 건설했다.
- **카이사르 Julius Caesar(BC 100~44)** : 로마제국의 기초를 만들었다.
- **과부** : 마르코 12:41~4에 언급되어 있는 가난한 과부를 가리킨다.
- **에파미논다스 Epaminondas(BC 418~362)** : 고대 그리스 테베의 장군으로서 전략이 탁월하고 청렴하여 많은 존경을 받았다.
- **베르길리우스 Publius Vergilius Maro(BC 70~19)** : 고대 로마의 시인으로 장편 서사시 아에네아데스를 저술했다.
- **펠리페 Felippe 2세(1527~1598)** : 스페인의 국왕. 자기 아들 돈 카를로스 Don Carlos를 1568년에 투옥하여 옥사하게 만들었다. 그는 독재, 완고함, 종교적 불관용, 방탕 등으로 악명이 높았다.
- **샹티이 Cahntilly 성** : 파리 북쪽 42킬로미터에 위치하는 성으로 콩데 Conde 공작(1621~1686)의 본거지였다. 저자는 이곳을 1673년에 마지막으로 방문했다.
- **리앙쿠르 Liancourt 성** : 파리 북쪽 65킬로미터에 위치하는 성이다.

#2 사교(社交)

사교에 관해서 말하는 이 자리에서 나는 우정에 관해 말할 생각은 없다. 이 두 가지는 서로 관련있기는 해도 매우 다른 것이다. 우정은 사교보다 차원과 품위가 한층 더 높으며, 사교의 가장 큰 가치는 그것이 우정과 비슷하다는 데 있다. 그러므로 여기서 나는 점잖은 사람들이 서로 상대방을 대하는 특수한 방식에 관해서만 이야기할 것이다.

사람들에게 사교가 얼마나 긴요한지에 대해서는 언급할 필요조차 없을 것이다. 누구나 사교를 바라고 또 추구하지만, 그것을 매력적인 것으로 만들고 오래 지속시키는 수단을 동원하는 사람은 극히 드물다. 누구나 다른 사람들을 희생시켜서 자기 자신의 즐거움과 이익을 추구하고 있다. 우리는 자기와 함께 살아가는 사람들의 이익보다는 자기 자신의 이익을 항상 앞세우고, 이러한 사실을 그들이 언제나 의식하도록 만든다. 바로 이러한 것들이 사교를 방해하고 단절시킨다. 우리는 자기 자신의 이익을 제일 앞세우려는 욕망을 감추는 방법을 최소한 배워야 한다. 왜냐하면 이 욕망은 우리 내면에 너무나도 깊이 뿌리 박고 있는 것이어서 극복할 수가 없기 때문이다. 우리는 다른 사람들의 자애심에 대한 배려를 표시하고 그것을 결코 해치지 않으면서 그들의 즐거움 속에서 우리의 즐거움을 발견해야만 한다.

마음은 이처럼 중대한 일에 관해서 매우 중요한 역할을 하지만, 마음 하나만으로는 우리가 걸어가야만 하는 다양한 길에서 충분한 길잡이가 되지 못한다. 건전한 상식, 기질, 그리고 함께 살아가기를 바라는 사람들 사이에 반드시 있어야만 하는 상호배려 등으로 조절되고 지원되지 않는 한, 사교는 사람들의 마음과 마음 사이에서 존재하는 상호이해만으로 오래 유지될 수는 없을 것이다. 기질과 마음이 정반대되는 사람들이 때로는 매우 친밀하게 지내는 듯이 보이지만, 그리 오래 가지 않을 다른 요인들 때문에 그러한 것이 분명하다. 또한 우리는 신분이나 개인적인 재능 면에서 자신보다 못한 사람들과 사교를 할 경우도 있지만, 우월한 위치에 있는 사람은 자신의 우월한 입장을 악용해서는 안 된다. 그들은 그들 자신의 우월한 입장을 상대방이 거의 느끼지 못하게 행동해야 한다. 또한 상대방이 지도를 받아야 할 필요가 있다는 것을 보여주고 합리성에 따라 인도하는 한편, 자기 자신을 가능한 한 상대방의 감정과 이익에 적응시키면서, 오로지 상대방을 가르치기 위해서만 자신의 우월한 입장을 이용해야 한다.

사교단체의 구성원들이 원만한 관계를 유지하려면 누구나 자유를 누려야 한다. 우리는 아무런 제약도 받지 않은 채 서로 만날 수도 있고, 서로 만나지 않을 수도 있어야만 한다. 서로 대접하거나 심지어 지루한 시간을 함께 보내는 일에 관해서마저도 아무런 제약이 없어야만 한다. 우리는 기존 관계에 아무런 변화도 초래하지 않은 채 헤어질 수 있어야만 한다. 우리는 상대방이 거북한 입장에 처하게 되기를 바라지 않는 경우, 때로는 서로 만나지 않고도 지낼 수 있어야만 한다. 그리고 우리는 자신이 다른 사람들에게 성가시게 굴 리가 절대로 없다고 생각할 때 실제로는 상대방에게 성가시게 구는 경우가 많다는 사실을 명심해야만 한다. 우리가 함께 살기를 바라는 상대방들을 접대하는 일에 가능한 한 기여해야만 하지만, 그러한 일에 언제나 기여해야 할 임무에 짓눌려서는 안 된다. 다른 사람들에 대한 환대는 모든 사교 그룹에서 필요하지만, 거기에는 일정한 한계가 있어야만 한다. 환대가 지나치면 그것은 일종의 굴종의 상태가 된다. 환대는 적어도 자발적인 것처럼 보여야 한다. 그래서 우리는 친구들의 비위를 맞추어줄 때에는 우리가 자신의 감정에 따라 그렇게 한다고 그들이 확신하도록 만들어야만 한다.

우리는 친구들의 단점들이 선천적인 것이고 그들의 장점들에 비해 하찮은 것인 경우에는 기꺼이 용납해야만 한다. 그리고 우리가 그러한 단점을 알아차리거나 그것 때문에 기분이 상한다고 그들이 느끼게 해서는 절대로 안 된다. 오히려 그들이 단점들을 스스로 깨닫고 고치도록 내버려두는 식으로 우리는 행동해야 한다. 점잖은 사람들 사이의 사교에는 일종의 예의가 필요하다. 예의는 그들이 농담을 들어주도록 만드는가 하면, 흥분해서 자기주장만 고집할 때 자기도 모르게 입에서 튀어나오는 지나치게 쌀쌀하거나 가혹한 말투로 서로 기분을 상하는 일이 없도록 막아주기도 한다.

점잖은 사람들의 사교는 신뢰 없이는 성립될 수 없고, 이 신뢰는 그들 모두가 공유해야 한다. 무례한 말이 나올 가능성의 염려가 절대 없도록 그들은 누구나 조심스럽고 신중한 태도를 취해야 한다. 사교에는 어느 정도 다양한 생각들이 필요하다. 오직 한 방향으로만 생각이 쏠리는 사람들은 다른 사람들을 오랫동안 즐겁게 해줄 수 없다. 서로 다른 목소리와 악기들이 음악에서 유지하는 화음과 마찬가지의 조화를 사교 그룹 안에서 보존하면서 사교 그룹의 즐거움에 기여하는 한, 우리는 서로 다른 길들을 걸어갈 수 있는가 하면, 동일한 견해나 재능을 구비하고 있을 필요도 없다.

서로 다른 사람들이 동일한 이해관계를 가지기는 어렵다. 사교 관계를 한층 더 원만하게 만들려면 그들의 이해가 적어도 상반되어서는 안 된다. 우리는 친구들을 기쁘게 만드는 것을 예상하고, 그들에게 유익한 방법들을 찾아내며, 그들의 근심을 없애주어야만 한다. 그리고 그것을 근절할 수 없는 경우에는 우리가 그것을 함께 나눈다는 것을 보여주고, 그것을 즉시 없애주겠다고 허세 부리지는 않은 채 상대방도 모르게 없애주며, 그것을 즐거운 어떤 것, 최소한 그들이 몰두할 수 있는 어떤 것으로 대체시켜 주어야만 한다. 우리는 그들이 관심을 기울이는 것들에 관해서 이야기해야 한다. 그러나 그들이 자진해서 우리에게 허용하는 한도 내에서만 이야기하며, 지나치게 깊이 파고드는 것은 피해야만 한다. 그들의 마음속 은밀한 구석을 너무 깊이 파고들지 않는 것은 예의 바른 행동이며 때로는 인도적 행위도 된다. 그들이 자기 마음속에 고인 것을 알고 낱낱이 드러내 보이는 것은 괴로운 경우가 많고, 그들 자신이 모르는 것을 우리가 안다면 그것이 오히려 더욱 고통스러울 것이다.

점잖은 사람들 사이의 사교가 서로 친밀하게 만들어줄 뿐만 아니라 진지하게 논의할 수 있는 수많은 화제도 제공해 준다 해도, 사교 그룹의 유지를 위해 필요한 의견의 다양성을 전적으로 용납할 만한 융통성과 건전한 상식은 그 누구도 구비하고 있지 못하다. 우리는 어느 정도까지 알기를 바라지만 모든 것을 알기는 바라지 않으며, 모든 종류의 진실을 알기는 두려워한다.

사물을 명확히 보기 위해서는 어느 정도 거리를 두고 바라보아야만 하듯이 우리는 사교 그룹 안에서도 그와 마찬가지로 해야만 한다. 누구나 자신의 고유한 관점이 있고 그 관점에 따라서 자신이 평가되기를 바란다. 우리는 너무 자세히 자신이 드러나는 것을 바라지 않는데 그것은 대개의 경우 당연하다. 그리고 자기 자신이 실제의 모습 그대로 모조리 드러나기를 바라는 사람은 하나도 없다.

#3 외모와 태도

누구에게나 자신의 외모와 재능에 맞는 고유한 태도라는 것이 있다. 우리는 이것을 버리고 다른 것을 취한다면 언제나 실패하고 만다. 그래서 우리 자신에게 자연스러운 그 태도를 미리 알아차려서 가능한 한 완성시키도록 노력해야만 한다.

대부분의 어린아이들이 귀엽게 보이는 이유는 그들이 타고난 태도와 행동양식을 여전히 유지하고 있으며 다른 태도와 행동양식은 전혀 모르고 있기 때문이다. 유년기를 벗어나면 그들은 자신의 태도와 행동양식에 변화와 변질을 초래한다. 그들은 다른 사람들의 행동을 모방해야 한다고 믿지만, 철두철미하게 모방할 수는 없다. 그들의 모방에는 언제나 틀리고 불확실한 것이 들어 있게 마련이다. 그들은 태도나 정서에도 확고한 것이 전혀 없으며, 자기가 보여주기를 바라는 모습의 사람이 실제로 되는 대신에 엉뚱한 다른 사람의 모습을 보여주려고 애쓴다. 누구나 실제의 자기 자신이 아닌 다른 사람이 되기를 바란다. 즉, 자기 자신이 아닌 다른 사람의 외모와 자신의 마음이 아닌 다른 사람의 마음을 찾아다닌다. 그리고 태도와 행동양식을 아무렇게나 채택하여 자기 자신에게 실험하는데, 어떤 사람들에게 적합한 것이 모든 사람에게 적합하지는 않다는 점, 태도와 행동양식에 대해서는 일반적인 원칙이 없다는 점, 모방은 결코 좋지가 않다는 점 등은 전혀 고려하지도 않는다. 그러나 두 사람이 각각 자신의 본성을 따르는 경우, 서로 모방하지 않고도 여러 가지 면에서 비슷해질 수는 있다. 그런데도 자신의 본성을 따르려고 하는 사람은 거의 없고 누구나 모방하기를 좋아한다. 또한 우리는 자기도 모르는 사이에 모방하는 경우가 흔하며, 자신의 고유한 장점들은 소홀히 한 채 대개 자신에게 적합하지도 않은 다른 장점들을 추구한다.

내가 이렇게 말한다고 해서 우리는 다른 사람들의 모범을 따를 자유, 자연이 우리에게 부여하지 않았지만 유익하거나 필요한 장점들을 스스로 보충할 자유를 발휘하지 않은 채 자기 자신 안에 갇혀 있어야만 한다고 주장하는 것은 아니다. 예술과 학문은 그것을 배울 수 있는 사람들 대부분에게 적합하고, 우아한 태도와 예절은 모든 사람에게 적합하다. 그러나 이러한 후천적 장점들은 그것을 은밀히 확장하고 증강시키는 우리 자신의 고유한 장점들과 항상 일정한 관계를 유지하고 결합되어 있어야 한다.

우리는 가끔 자기 능력으로 감당하기 어려운 지위로 승진되는 경우가 있다. 더욱이 자기 적성에 맞지도 않는 새로운 직업에 종사해야만 하는 경우가 흔하다. 어떠한 지위든 거기에 어울리는 태도가 있기 마련이다. 그러한 태도는 지위에는 적합하겠지만 우리의 타고난 태도와 반드시 어울리는 것은 아니다. 지위나 신분의 변화는 우리의 태도와 행동양식의 변화를 초래하며, 위엄 있는 분위기를 풍기게 만드는 경우가 많다. 그러나 위엄을 차리는 태도가 지나치게 현저한가 하면 우리의 타고난 태도와 어긋날 때에는 언제나 위선적 태도가 된다. 우리는 위엄을 차리는 태도와 타고난 태도가 하나로 융합되어 불가분의 관계에 놓여 있는 것처럼 보여야 한다.

모든 주제에 관해 똑같은 어조와 똑같은 방식으로 말해서는 안 된다. 우리는 한가롭게 산책할 때의 걸음걸이로 연대의 선두에 서서 행진하지는 않는 것이다. 그러나 서로 다른 주제들에 관해서도 똑같이 자연스러운 태도로 말해야만 한다. 연대의 선두에 서서 행진하든 한가롭게 산책하든, 걸음걸이가 서로 다르다 해도 우리는 항상 자연스럽게, 각 경우에 적합한 방식으로 걸어가지 않으면 안 되는 것이다.

어떤 사람들은 자신에게 적합한 자연스러운 태도를 버리고 자기가 얻은 지위와 신분의 태도를 취하는 데 그치지 않으며, 심지어는 자기가 바라는 더 높은 지위와 신분의 태도마저도 미리 취한다. 얼마나 많은 중장 계급의 장군들이 원수(元帥)처럼 행세하고 있는가! 얼마나 많은 판사들이 공연히 법무장관 흉내를 내고 있는가! 얼마나 많은 중산층 여자들이 쓸데없이 공작부인의 태도를 취하고 있는가!

우리가 대개 불쾌하게 여기는 것은 아무도 자신의 외모에 적합한 태도와 행동양식을 취할 줄 모르는가 하면 자신의 생각과 감정에 적합한 말과 어조를 선택할 줄도 모른다는 사실이다. 사람들은 허위와 가식을 동원하여 이 두 가지 요소의 조화를 교란하고, 자신의 처지를 망각하며 자기도 모르는 사이에 이러한 조화에서 멀어진다. 거의 모든 사람이 경우가 다를지는 몰라도 이러한 잘못을 저지른다. 이러한 조화를 완전히 깨닫고 항상 행동하는 사람은 하나도 없는 것이다.

매력적인 장점들을 지닌 무수한 사람이 배척을 받는 반면에 그들보다 장점이 부족한 무수한 사람은 남들의 호감을 산다. 왜냐하면 전자는 자기 자신이 아닌 다른 사람처럼 보이기를 바라고 후자는 외견상 보이는 것이 바로 자기 자신이기 때문이다. 한 마디로, 어떠한 장점이나 단점을 타고났든지 간에 우리는 자신의 처지와 외모에 적합한 태도, 어조, 감정, 행동양식을 취할 때에만 남들의 호감을 사고, 그렇지 않을 때에는 그만큼 배척을 받는다.

#4 대화

대화를 할 때 남에게 호감을 주는 사람이 거의 없는 이유는 누구나 다른 사람들이 말하고 있는 것보다는 자기가 말하고 싶어하는 것에 더 마음이 쏠려 있기 때문이다. 남들이 우리 말에 귀를 기울여주기를 바란다면, 우리는 말을 하고 있는 다른 사람들의 말에 귀를 기울여야 한다. 우리는 그들의 말을 경청해주어야만 하고, 심지어 그들이 두서없는 말을 하더라도 내버려두어야만 한다.

사람들이 흔히 하듯이 남의 말을 반대하거나 중단시키는 대신에 우리는 그들의 생각과 취향을 완전히 파악하고 있어야 한다. 그래서 그들의 생각과 취향을 이해한다는 사실을 보여주고, 그들의 관심의 대상인 것들에 관해 말하며, 그들이 언급하는 것이 칭찬을 받을 가치가 있다면 칭찬해주고, 단순히 예의 때문이 아니라 자발적으로 칭찬한다는 것을 보여주어야 한다.

우리는 사소한 것들에 관한 논쟁은 피해야만 한다. 다른 사람들이 말하는 것에 대한 질문은 하지 않아야 한다. 그러한 질문은 거의 무익하다. 또한 우리는 자기가 남들보다 더 옳다고 주장한다는 식으로 그들이 생각하게 만들어서는 결코 안 되고, 그들 자신이 결정하도록 기꺼이 허용해야만 한다.

우리는 대화 상대방의 기질과 성향에 따라서 자연스럽고 단순하며 어느 정도 진지한 것들을 말해야만 한다. 그러나 우리가 말하는 것에 대한 그들의 동의, 심지어는 응답마저도 촉구해서는 안 된다. 이러한 정도로 예의를 갖추고 난 뒤에는 우리가 느끼는 바를 말해줄 수 있는데, 이것은 편견에 치우치거나 고집을 부리는 일이 없어야만 하고 동시에 우리가 상대방의 의견에 의존하려고 애쓴다는 것을 보여주어야 한다.

우리는 자기 자신에 관해서 오래 이야기해서도 안 되고 자기 자신을 자주 예로 들어서도 안 된다. 대화 상대방의 성향과 능력을 파악하기 위해 최대한으로 노력해야 한다. 그렇게 해야만 우리는 가장 지성적인 사람들과 어울릴 수가 있고, 우리가 상대방의 의견을 따른다는 인상을 기회 있을 때마다 주면서 상대방의 의견에 우리 의견을 추가할 수 있는 것이다. 대화에서 다루어야 할 주제가 떨어지지 않도록 하는가 하면 오히려 상대방이 생각하고 말할 어떤 것을 항상 남겨두는 재주가 우리에게는 필요하다.

우리는 권위자인 척하면서 말하거나 실물을 과장하는 단어와 구절들을 동원해서는 결코 안 된다. 자기 의견이 옳을 때에는 그것을 견지할 수 있지만, 다른 사람의 감정을 상해서는 결코 안 되며, 다른 사람들의 말 때문에 기분이 상한 듯이 보여서도 안 된다. 대화를 언제나 주도해 나아가기를 바라거나 똑같은 한 가지 일에 관해서 너무 자주 이야기하려고 하는 것은 위험하다. 우리는 제기되는 모든 매력적인 화제들을 아무런 차별 없이 다루어야만 하고 대화의 방향을 자기가 말하고 싶어하는 것을 향해 돌려서는 안 된다.

아무리 점잖고 지성적인 대화라 해도 모든 종류의 점잖은 사람들에게 똑같이 적합한 대화란 하나도 없다는 사실은 여기서 지적되어야 한다. 우리는 각 개인에게 적합한 대화를 선택할 필요가 있고, 그러한 대화에 적절한 시간마저도 선택할 필요가 있다. 적절하게 말할 줄 아는 것이 대단한 기술이라면 침묵을 지킬 줄 아는 것도 그에 못지않게 대단한 기술이다. 찬성하거나 비난하기 위해 때로는 사용될 수 있는 웅변적 침묵이 있는가 하면 조롱하는 침묵도 있고 존경을 표시하는 침묵도 있다. 사실, 대화에서 유쾌하거나 불쾌한 것, 교묘하거나 무례한 것을 흔히 결정하는 어조, 태도, 행동양식이 있다. 이러한 것들을 제대로 사용하는 비결을 아는 사람은 거의 없다. 심지어 이러한 법칙을 만들어내는 사람들마저도 때로는 잘못을 저지른다. 내 생각에 가장 안전한 법칙이란 변경이 불가능한 법칙들은 따르지 않으며, 잘난 척하며 말하기 보다는 무심하게 말하며, 남의 말에 귀를 기우리며, 결코 억지로 말하려고 하지 않은 채 말을 거의 하지 않는 것이다.

#5 신뢰

솔직함과 신뢰는 서로 관련이 있지만 여러 면에서 다르다. 솔직함이란 속마음을 털어놓는 것, 우리 자신을 실제 있는 그대로 보여주는 것이다. 또한 진실을 사랑하고 위장하기를 싫어하는 것이며, 우리의 잘못들에 대해 보상하기를 바라는 것, 심지어 고백을 통해서 잘못을 약화시키기를 바라기조차 하는 것이다.

신뢰는 우리에게 이러한 자유를 허용하지 않으며 그 규칙들은 한층 더 엄격하다. 신뢰는 신중함과 자제를 더욱 많이 요구하며, 우리가 언제나 마음대로 좌우할 수 있는 것도 아니다. 신뢰에는 오로지 우리만 필요한 것이 아니며, 대개 우리의 이해관계가 다른 사람들의 이해관계와 얽혀 있다. 우리는 자신의 속마음을 솔직하게 털어놓음으로써 친구들도 우리에게 속마음을 털어놓게 하지 않도록, 그리고 우리가 주는 선물의 가치를 높일 목적으로 친구들이 자기 것을 마지못해 내어주지는 않도록 세심한 주의를 기울여야 한다.

신뢰는 그것을 받는 사람을 언제나 기쁘게 한다. 그것은 신뢰받는 사람이 지니는 가치에 대해 바치는 찬사, 그의 충직함에 위탁하는 재산, 우리에게 청구할 권리를 그에게 부여하는 서약, 우리가 자발적으로 구속되는 일종의 의존관계이다.

이렇게 말한다고 해서 내가 사회와 우정을 유지해주는 유대이기 때문에 사람들 사이에서 절대로 필요한 신뢰를 파괴할 작정인 것은 결코 아니다. 다만 신뢰에 일정한 한계를 설정하고 그것을 정직하고 충실한 것으로 만들려고 할 따름이다. 나는 신뢰가 언제나 참되고 언제나 신중한 것이며 취약성도 이기심도 섞이지 않은 것이기를 바라지만, 우리와 친구들이 신뢰를 서로 주고받는 데 있어서 그 적절한 한계를 설정하기가 매우 어렵다는 것도 잘 안다.

대부분의 경우에 우리는 허영심 때문에, 말을 하고 싶기 때문에, 다른 사람들의 신뢰를 받고 싶기 때문에, 그리고 비밀을 서로 교환하려는 목적에서 속마음을 털어놓는다. 우리가 어떤 사람들을 신뢰할 이유가 없는데도 그들은 우리를 신뢰할 이유가 있는 경우가 있다. 우리는 그들의 비밀을 지켜주는가 하면 그들을 약간 신뢰해줌으로써 그들에 대한 의무에서 벗어난다.

또 어떤 사람들은 그 충실함을 우리가 잘 알고 있고, 우리를 위해서는 아무것도 아끼지 않으며, 우리는 그들을 높이 평가하여 자발적으로 그들에게 속마음을 털어놓을 수가 있는 경우도 있다. 우리는 우리에게 관련되는 것을 하나도 그들에게 숨겨서는 안 되고, 우리의 장점들과 단점들을 과장도 축소도 하지 않은 채 있는 그대로 항상 드러내 보여주어야만 한다. 그리고 이러한 사람들에 대해서는 반신반의하는 식으로 신뢰해서는 결코 안 된다는 것을 철칙으로 삼아야 한다.

그런 식의 신뢰는 우리를 항상 난처한 입장에 빠뜨리며 상대방도 결코 만족시켜주지 못한다. 또한 우리가 감추고 싶어하는 비밀을 그들이 어렴풋이 낌새를 채도록 만들고 그들의 호기심을 자극한다. 그들은 더 많이 알아낼 권리가 있다고 느낄 뿐만 아니라 자기가 알아낸 것을 마음대로 논의할 자유가 있다고 믿게 된다. 우리가 말을 시작해 놓은 뒤에 침묵하기보다는 처음부터 아무 말도 해주지 않는 것이 더 안전하고 더 정직하다.

다른 사람이 우리에게 털어놓은 비밀들에 대해서는 지켜야만 하는 다른 철칙이 있다. 그것들이 중요하면 중요할수록 신중함과 충실성은 더욱 더 요구된다는 것이다. 비밀이 지켜져야만 한다는 것은 누구나 인정하지만, 그러한 비밀의 성질과 중요성에 대해서는 모든 사람이 항상 의견이 같은 것은 아니다. 우리는 자신이 말해야만 하는 것과 말해서는 안 되는 것을 결정할 때 대개의 경우 오로지 자기 자신의 판단에만 맡긴다. 영원히 지켜야만 하는 비밀은 거의 없고, 비밀의 누설에 따른 양심의 가책도 영원히 지속되지는 않는다.

우리는 우리에게 신의를 지킬 것이라고 여겨지는 친구들과 매우 친밀한 관계를 유지한다. 그들은 항상 우리에게 솔직하게 말했고 우리도 그들에게 그렇게 했다. 또한 그들은 우리의 습관과 교제

방식을 잘 알고, 우리를 너무나도 가까이 관찰할 수 있어서 가장 미세한 변화도 알아차린다. 우리가 다른 사람에게 절대로 말하지 않겠다고 약속한 것을 그들은 다른 경로를 통해서 알게 될지도 모른다. 그들이 설령 이 문제에 관해서 개인적인 이해관계를 가지고 있다 해도 우리는 그들에게 비밀을 털어놓을 수가 없다. 우리는 자기 자신을 믿는 그 만큼 그들을 신용하지만, 우리에게 소중한 그들의 우정을 잃거나, 아니면 비밀유지의 약속을 위반할 처지에 놓이고 만다.

이러한 상황은 의심할 나위도 없이 신의를 가장 심하게 시험하는 경우가 되지만, 명예를 존중하는 사람은 이러한 경우에 흔들려서는 안 된다. 이럴 경우 그는 다른 사람의 이익보다는 자기 자신의 이익을 우선시키는 것이 허용된다. 그의 가장 중대한 의무는 결과를 상관하지 않은 채 자기에게 맡겨진 비밀을 지키는 것이다. 그는 말과 어조를 조심해야 할 뿐만 아니라 암시마저도 조심해야 하며, 대화나 태도를 통해서도 비밀을 드러내서는 결코 안 된다. 왜냐하면 그는 자신이 발설할 수 없는 그것을 다른 사람들이 자신의 이러한 것들을 통해서 낌새를 챌 수도 있기 때문이다.

친구들의 대부분은 우리의 신뢰를 받을 자격이 있다고 주장하고 우리가 모든 것을 자기에게 말해 주기를 바라는데, 이러한 친구들의 요구에 잘 대처하기 위해서는 의지력과 신중함이 필요하다. 우리는 그들의 이러한 주장을 어떠한 경우에도 결코 용납해서는 안 된다. 그들에게 알 권리가 전혀 없는 일들이나 상황이 있는 법이다. 그들이 이러한 것에 대해 불평한다면 우리는 그 불평을 참아주고 우리의 행동을 온건하게 변호해야 한다. 그러나 부당하게도 고집을 부린다면 우리는 비밀 유지의 의무를 이행하고 그들의 우정을 희생시켜야 하며, 두 가지의 불가피한 불상사 가운데 하나를 선택해야 한다. 즉, 회복이 가능한 우정의 상실과 회복이 불가능한 비밀유지 의무의 위반 가운데 하나를 선택해야만 하는 것이다.

#6 사랑과 바다

사랑과 사랑의 변덕에 관해서 이야기하고 싶어 한 사람들은 그것을 너무나도 많은 방법으로 바다에 비유했기 때문에 그들의 말에 더 이상 추가하기가 매우 어렵다. 그들은 사랑도 바다도 모두 항상 변하고 신의를 지키지 않아서 선행과 악행을 무수히 저지른다고 말했다. 또한 가장 다행스런 항해의 경우에도 수천 가지의 위험에 직면하는가 하면, 언제나 폭풍우와 암초들이 우리를 위협하고, 심지어 항구 안에서마저 난파하는 경우가 많다고 말했다.

그러나 그들은 아무리 많은 종류의 희망과 두려움을 나열했다 해도, 끝날 무렵에 이른 피곤하고 미온적인 사랑과 우리가 적도 아래에서 만나는 장기간의 무풍 상태, 즉 사람을 지치게 만드는 고요한 기간 사이의 연관성을 충분히 보여주지는 못했다.

우리는 오래 이어지는 항해에 싫증을 내는가 하면 항해가 빨리 끝나기를 고대한다. 육지를 바라볼 수는 있지만, 거기 도달하도록 범선을 밀어줄 바람이 없다. 우리는 자신을 좀먹고 있는 세월을 느낀다. 각종 질병과 게으름 때문에 몸을 움직일 수도 없다. 식수와 식량은 바닥이 났거나 맛이 변했다. 우리는 외부의 도움을 요청하지만 아무 소용이 없다. 낚시질을 하고 물고기도 몇 마리

잡지만 그것은 우리에게 위안도 되지 못하고 영양분도 공급하지 못한다.

우리는 눈에 보이는 모든 것에 싫증을 내고 언제나 똑같은 생각에만 잠긴다. 우리는 언제나 지루하다. 우리는 여전히 살아 있지만 그 사실을 유감스럽게 여긴다. 고통스럽고 무기력한 상태에서 벗어나려는 의욕이 샘솟기를 기다리지만 우리의 의욕이란 미약하고 무익한 것에 불과하다.

#7 모범

좋은 모범과 나쁜 모범이 아무리 서로 다르다 해도, 우리는 이 두 가지가 모두 나쁜 결과를 거의 똑같이 초래했다는 사실을 발견할 것이다. 위인들의 놀라운 좋은 모범들이 우리를 미덕으로 접근시킨 것에 비해서 티베리우스Tiberius와 네로Nero의 범죄행위들이 우리를 악덕으로부터 더 멀리 유도했는지조차도 나는 확신할 수가 없다.

알렉산더Alexander의 용기는 얼마나 많은 허풍쟁이들을 만들어냈던가! 카이사르Caesar의 영광은 조국을 해치는 음모를 얼마나 많이 허용했던가! 로마와 스파르타는 얼마나 많은 종류의 잔인한 미덕을 칭송했던가! 디오게네스Diogenes는 성가신 철학자들을, 키케로Cicero는 수다쟁이들을, 폼포니우스 아티쿠스Pomponius Atticus는 게으른 기회주의자들을, 마리우스Marius와 실라Sylla는 복수하는 자들을, 루쿨루스Lucullus는 음탕한 자들을, 알키비아데스Alcibiades와 안토니우스Antonius는 방탕한 자들을, 카토Cato는 완고한 고집쟁이들을 얼마나 많이 만들어냈던가!

이 모든 위인들의 원형은 무수히 많은 나쁜 모조품들을 만들어냈다. 미덕들은 악덕들과 나란히 놓여 있다. 모범이란 우리를 그릇된 길로 자주 인도한다. 우리는 너무나도 허위로 가득 차 있기 때문에 미덕의 길을 걸어가기 위해 모범을 이용하는 경우와 마찬가지로 미덕의 길에서 멀어지기 위해서 모범을 이용하는 경우도 그만큼 많다.

- **티베리우스 Tiberius(BC 42~AD 37)** : 아우구스투스의 사위이자 로마의 제2대 황제. 재위 기간은 AD 14~37.
- **네로 Nero(37~68)** : 로마 황제. 재위 기간은 54~68.
- **알렉산더 Alexander(BC 356~323)** : 마케도니아의 알렉산더 대왕.
- **카이사르 Julius Caesar(BC 100~44)** : 로마의 장군, 정치가, 역사가.
- **디오게네스 Diogenes(BC 412?~323)** : 고대 그리스의 시노페Sinope 출신으로 견유학파 철학자.
- **키케로 Cicero(BC 106~43)** : 로마의 정치가, 철학자, 웅변가.
- **폼포니우스 아티쿠스 Titus Pomponius Atticus(BC~32)** : 로마의 에피쿠로스학파 철학자. 어느 정치 세력과도 손잡기를 거절했다.
- **마리우스 Gaius Marius(BC 155?~86)** : 로마의 장군, 집정관. 내전(BC 88~86) 때 실라의 정적. 잔인한 복수로 악명을 떨쳤다.
- **실라 Lucius Cornelius Sylla(BC~78)** : 로마의 장군. 내전(BC 88~86) 때 마리우스의 정적. 잔인한 복수로 악명을 떨쳤다.
- **루쿨루스 Lucius Licinius Lucullus(BC~56)** : 로마의 장군. 사치를 좋아하기로 유명했다.
- **알키비아데스 Alcibiades(BC 450년경~404)** : 펠로폰네소스 전쟁 당시 아테네의 방탕하고 무절제한 장군, 정치가.
- **안토니우스 Marcus Antonius(BC 83?~30)** : 로마의 방탕하고 무절제한 장군, 정치가.

삼두정치의 실권자 가운데 하나였다.

● **카토** Marcus Porcius Cato Jr.(BC 95~46) : 로마의 정치가, 철학자. 고결한 인품으로 유명하고 고대 로마 풍속을 고집했다.

#8 질투의 불확실성

우리는 자기가 품은 질투심에 관해 말을 많이 하면 할수록 종전에 우리가 불쾌하게 여기던 것들이 다른 측면들을 한층 더 드러내는가 하면, 가장 사소한 여건이 그것들을 변화시키고 새로운 어떤 측면을 항상 발견하게 만든다. 이 새로운 측면들 때문에 우리는 종전에 이미 충분히 보았고 평가했다고 여기던 것들을 다른 관점에서 다시 보게 된다.

우리는 일정한 견해를 견지하려고 애쓰지만 우리가 견지하는 견해란 하나도 없다. 오히려 상반되고 상쇄하는 모든 것이 동시에 나타난다. 그래서 우리는 미워하려고 함과 동시에 사랑하기를 바란다. 그러나 우리는 미워할 때 여전히 사랑하고 있고, 사랑할 때 여전히 미워하고 있다. 우리는 모든 것을 믿고 또한 모든 것을 의심한다. 믿었다는 사실에 대해서도, 또한 의심했다는 사실에 대해서도 부끄럽게 여기고 후회한다. 우리는 일정한 견해를 견지하려고 항상 애를 쓰지만 그렇게 할 수 있는 경우가 전혀 없다.

시인들은 이러한 견해를 시지푸스Sisyphus의 고통과 비교해야만 할 것이다. 왜냐하면 우리도 또한 고통스럽고 위험한 길에서 공연히 바위를 밀어 올리고 있기 때문이다. 다시 말하면, 우리는 산꼭대기를 바라볼 수 있고 거기 도달하려고 애쓰며 때로는 거기 도달할 희망도 품지만, 결코 거기 도달하지는 못하고 말기 때문이다.

우리는 자기가 바라는 것에 대해 감히 안심할 정도로 다행한 처지도 아니고, 자기가 가장 두려워하는 것에 대해 염려하지 않아도 좋을 만큼 편한 입장도 못된다. 우리는 한없는 불확실성의 지배를 받는데, 이 불확실성은 우리에게 좋은 일들과 나쁜 일들을 연속적으로 보여주지만 그러한 것들은 항상 우리를 피해간다.

● **시지푸스 Sisyphus** : 코린토스의 왕이며 오디세우스의 아버지다. 그는 항해와 무역을 장려했는데 생전에 속임수와 탐욕이 심해서 사후에 무거운 바위를 산꼭대기에 영원히 밀어 올리는 형벌을 받았다. 산꼭대기에 이른 바위는 언제나 아래로 굴러 떨어지고 시지푸스는 그것을 다시 밀어 올려야만 한다.

#9 사랑과 인생

사랑은 우리 인생의 모습이다. 사랑과 인생은 모두 동일한 격변들과 동일한 변화들을 겪게 마련이다. 이 두 가지는 초기에 기쁨과 희망에 가득 차 있다. 그래서 우리는 사랑하는 상태를 행복하다고 여기는 것과 마찬가지로 젊은 상태를 행복하다고 여긴다. 이러한 상태는 너무나도 즐거운 것이어서 우리가 다른 좋은 것을 갈망하고 더 실질적인 것을 바라도록 만든다.

우리는 단순히 살아 있다는 것만으로는 만족하지 못하고 발전하기를 바란다. 출세하고 행운을 잡기를 갈망한다. 고위층의 후원을 받으려고 애쓰고 그들의 이익을 증진시키는 데 도움이 되는 역할을 스스로 한다. 우리가 바라는 것을 똑같이 바라는 자가 있다면 우리는 도저히 참지 못한다. 이러한 경쟁심에는 무수한 근심과 고통이 교차되지만 안전한 지위를 확보했을 때의 즐거움이 이 모든 것을 없애준다. 그렇게 되면 우리의 모든 욕망은 충족되지만, 우리는 앞으로 행복해질 수가 없다는 사실은 예견하지 못한다.

그러나 이 행복의 상태는 결코 오래 지속되지도 않고, 새로운 것이 주는 매력을 오래 간직하지도 못한다. 우리는 바라는 것을 얻었을 때 다른 것을 더 바라기를 멈추지 않는다. 우리는 이미 가지고 있는 모든 것에 익숙해지고, 그러한 것들도 동일한 가치를 유지하지 못하는가 하면 종전과 마찬가지로 우리의 취향을 항상 만족시키지도 못한다.

우리는 자신의 변화를 눈치채지도 못하는 사이에 어느덧 변한다. 이미 얻은 것들은 우리 자신의 일부가 되고, 그것을 잃으면 몹시 상심하지만, 그것을 계속 가지고 있다고 해서 기쁨을 느끼는 것도 아니다. 우리가 느꼈던 기쁨은 이미 사라졌다. 그래서 예전에 손에 넣으려고 그토록 열망하던 것보다는 다른 것에서 기쁨을 찾는다.

본의 아닌 이러한 변심은 시간이 초래하는 결과다. 우리가 바라지 않는다 해도 시간은 우리 인생에 대한 것과 마찬가지로 사랑에 대해서도 박탈의 효과를 발휘한다. 우리가 모르는 사이에 날마다 사랑의 활기와 유쾌함을 조금씩 감소시키고 가장 진정한 매력을 없애버린다. 우리는 더욱 진지한 태도를 취하는가 하면 자신의 열정뿐만이 아니라 사업도 중요시하게 되며, 사랑은 사랑 자체를 위해서는 더 이상 존재하지 못하고 외부적인 요인의 도움을 빌려야만 한다. 사랑의 이러한 상태는 우리가 자신의 최후를 바라보게 되는 노년기의 상태를 보여준다.

그러나 우리는 기꺼이 최후를 맞이할 만큼 강하지 못하다. 인생의 쇠퇴기의 경우와 마찬가지로 사랑의 쇠퇴기의 경우에도 우리는 아무도 자기에게 닥치게 될 좌절을 단호하게 예방할 수가 없다. 즐거움을 누리기 위해 사는 것은 더 이상 아니고, 괴로운 일들을 겪기 위해서 여전히 살아가는 것이다. 지나치게 오래 사는 경우에는 질병들이 따르는 것처럼 사랑의 쇠퇴기에는 질투, 불신, 상대방을 싫증나게 만들지 않을까 하는 두려움, 버림받지 않을까 하는 두려움이 따르게 마련이다.

우리는 자기가 병들었다고 느낄 때에만 여전히 살아 있다고 느끼는 것과 마찬가지로 사랑의 모든 괴로움을 느낄 때에만 여전히 사랑한다고 느낀다. 자신이 항상 애착에 얽매여 있다는 사실을 깨달아 원망과 비애를 느낄 때에만 우리는 지나치게 오래 계속된 애착의 마비상태에서 비로소 벗어난다. 한 마디로, 모든 종류의 쇠퇴 가운데 사랑의 쇠퇴는 견디기가 가장 힘든 것이다.

#10 취향

 어떤 사람들은 취향보다 지능이 더 우수한 반면, 어떤 사람들은 지능보다 취향이 더 우수하다. 그러나 지능보다는 취향이 더 다양하고 변덕이 더 심하다.

 '취향'이라는 말은 여러 가지 의미를 내포하고 있어서 잘못 이해하기가 쉽다. 우리가 어떤 사물에 끌리도록 만드는 취향과 일정한 법칙에 따라 그 사물의 특성을 알고 식별하게 만드는 취향은 서로 다르다. 우리는 연극을 제대로 평가할 만큼 예민하고 섬세한 취향이 없다 해도 연극을 좋아할 수 있는가 하면, 연극을 좋아하지 않는다 해도 그것을 평가하기에 충분한 취향은 지닐 수 있다. 어떤 취향은 앞에 놓인 것을 향해 우리가 자기도 모르게 끌리게 만드는가 하면, 다른 취향은 자체의 힘이나 지속성 때문에 우리를 끌고 간다.

어떤 사람들은 모든 것에 대해서 잘못된 취향을 지니고 있다. 또 어떤 사람들은 일정한 것들에 대해서만 잘못된 취향을 지니는데, 자기 능력이 미치는 것에 대해서는 그들의 취향은 올바른 것이다. 또 어떤 사람들은 특이한 취향을 지니는데 잘못된 것인 줄 알면서도 따르지 않을 수가 없다. 또 어떤 사람들은 취향이 확정되지 않아서 우연이 그들의 취향을 결정하는데, 이러한 사람들은 경솔해서 마음이 변하고, 친구들의 말에 따라서 즐거움 또는 권태를 느낀다.

어떤 사람들은 항상 편견을 지니는데, 자신의 취향의 노예가 되고 그것을 철두철미하게 따른다. 또 어떤 사람들은 좋은 것에 대해서는 민감하고 좋지 않은 것에 대해서는 매우 불쾌하게 여기는데, 그들의 관점은 명료하고 올바르며, 취향의 근거를 자신의 지능과 분별력에서 찾는다.

자기에게 닥치는 일을 결정할 때 어떤 사람들은 본능이 작용하는 이유는 자기도 모르지만 어쨌든 일종의 본능에 따라 결정을 내리는데, 언제나 올바른 쪽을 선택한다. 이러한 사람들은 지능보다 취향을 더 많이 드러낸다. 왜냐하면 그들의 이기심과 기질이 선천적 분별력을 짓누르지 않기 때문이다. 이 모든 것은 일치해서 작용하고 동일한 노선에 따라 움직인다. 이러한 조화 덕분에 그들은 사물을 건전하게 판단하고 사물에 관한 올바른 개념을 구비한다. 그러나 일반적으로 말하자면, 다른 사람들의 취향과 무관하게 자기 나름대로 확정된 취향을 지니는 사람은 거의 없다. 오히려 대부분의 사람들은 선례와 관습을 따르고, 그들의 취향의 거의 전부가 거기서 유래된다.

위에 언급된 서로 다른 모든 종류의 취향 가운데 매우 드물기도 하고, 사실 찾아보기가 거의 불가능한 취향이 있다. 그것은 모든 개별 사물에 가치를 실제로 평가할 수 있는 좋은 취향, 즉 사물의 완전한 가치를 식별하고 모든 사물에 대해 보편적으로 적용될 수 있는 좋은 취향이다.

우리는 지식이 너무 한정되어 있고, 일반적으로는 우리 자신과 직접 관련이 없는 것들에 대해서만 올바른 판단에 필요한 기능들을 제대로 결합해서 발휘한다. 그러나 우리 자신과 관련되는 것들에 관해서는 우리의 취향은 이 필요한 기능을 제대로 발휘하지 못하고 선입관에 지배를 받게 된다. 또한 우리 자신과 관련되는 것들은 모두 다른 모습으로 보이는가 하면, 아무도 자기와 관련되는 것과 관련되지 않는 것을 똑같은 눈으로 바라볼 수는 없게 된다. 그러면 우리의 취향은 우리에게 새로운 관점을 제공할 뿐만 아니라 무한한 변화와 불확실성도 초래하는 이기심과 기질에 휘둘린다. 우리의 취향은 더 이상 우리에게 속한 것도 아니고 우리도 그것을 더 이상 통제하지 못한다. 그것은 우리가 동의하지 않아도 변하고, 동일한 사물마저도 우리가 너무나도 다른 각도에서 보기 때문에 종전에 보고 느끼던 사물을 결국은 더 이상 알아보지 못하고 만다.

#11 사람과 동물의 관계

동물의 종류가 수없이 많은 것과 마찬가지로 사람의 종류도 수없이 많다. 또한 같은 동물들 사이에, 그리고 서로 다른 동물들 사이에 벌어지는 일은 사람의 경우에도 마찬가지다. 얼마나 많은 사람들이 무죄한 사람들의 피를 흘리고 죽이는 짓을 해가면서 살고 있는가! 어떤 사람들은 호랑이처럼 항상 야만적이고 잔인하기만 하고, 또 어떤 사람들은 사자처럼 겉으로만 약간 관대한 척하며, 어떤 사람들은 곰처럼 거칠고 탐욕스럽다. 어떤 사람들은 늑대처럼 약탈을 일삼고 무자비하며, 어떤 사람들은 여우처럼 술책과 속임수만 부리면서 산다.

개처럼 행동하는 사람은 그 얼마나 많은가! 개는 개를 죽이는가 하면, 자기에게 밥을 주는 사람의 비위를 맞추기 위해 사냥한다. 어떤 개들은 주인을 항상 따라 다니고, 어떤 개들은 주인의 집을 지킨다. 늑대 사냥개들은 용감하기로 유명하고 전투에 주로 사용되는데 용기를 발휘할 때는 고상한 측면도 지닌다. 악착스러운 집 지키는 개들은 미친 듯이 화를 내는 것 이외에는 다른 장점이 없다. 정도의 차이는 있지만 결국은 쓸모가 없는 개들이 있는데 이것들은 자주 짖고 가끔 물기도 한다. 정원사가 데리고 다니는

작은 애완용 개들도 있다.

사람들을 즐겁게 만드는 원숭이들과 긴 꼬리 원숭이들은 지능을 제법 갖추고 있는데 항상 고약한 짓을 한다. 외모만 아름다운 공작은 노래하는 목소리가 사람들의 귀에 거슬리고 자기가 사는 곳을 파괴한다.

칭찬할 만한 장점이라고는 깃털과 그 색깔밖에 없는 새들도 있다. 얼마나 많은 앵무새가 끊임없이 지껄이지만 자기가 무슨 말을 하는지도 모르고, 얼마나 많은 까마귀와 까치가 오로지 먹이를 훔치기 위해서만 길들여지며, 얼마나 많은 맹금류가 오직 약탈로만 살아가고, 얼마나 많은 종류의 평온하고 얌전한 동물은 오직 다른 동물들의 먹이가 되기 위해서만 존재하는가!

고양이들은 항상 경계하고, 악의를 품고, 신의가 없으며, 발톱을 감추고 있다. 독사들은 혀 이외의 다른 부분들은 쓸모가 있다 해도 혀에는 독을 품고 있다. 거미, 파리, 이, 벼룩은 항상 성가시며 견디기 어려운 괴로움을 준다. 두꺼비들은 온 몸에 독이 있고 불쾌감을 자아낸다. 부엉이들은 대낮의 햇빛을 두려워한다. 얼마나 많은 동물이 자기보존을 위해서 땅 속에서 살고 있는가! 다양한 목적으로 이용되다가 쓸모가 없어지면 버림을 받는 말들은 얼마나 많은가! 자기에게 멍에를 메우는 사람을 부유하게 만들어주기 위해 죽을 때까지 일하는 소들은 얼마나 많은가!

베짱이들은 평생 동안 노래만 부르고, 산토끼들은 모든 것을 무서워하며, 집토끼들은 겁에 질렸다가도 금세 침착해진다. 돼지들은 오물과 쓰레기 속에서 살고, 미끼로 쓰이는 오리들은 자기와 같은 종류인 다른 오리들을 배신하여 덫으로 유인하며, 까마귀들과 콘도르들은 썩은 고기와 시체만 뜯어먹고 산다!

한 지역에서 다른 지역으로 쉴 새 없이 날아가고 먹이를 찾기 위해 수많은 위험을 무릅쓰는 철새들은 또 얼마나 많은가! 기후가 좋은 곳으로 항상 이동하는 제비들은 또 얼마나 많은가! 풍뎅이들은 심사숙고도 계획도 없고, 나방이들은 자기 몸을 태우는 바로 그 불을 찾아 다닌다! 지도자를 존경하고 질서를 지키며 부지런히 일하는 일벌들은 얼마나 많은가! 게으르고 쏘다니기나 하며 일벌들 덕분에 먹고 살려고 하는 말벌들은 또 얼마나 많은가? 예견과 절약으로 모든 결핍을 면하는 개미들은 얼마나 많은가!

눈물을 흘리는 척하면서 거기 감동한 것들을 잡아먹는 악어들은 얼마나 많은가! 자기 자신의 힘을 깨닫지 못해서 지배당하는 동물은 얼마나 많은가!

이 모든 특질은 사람의 경우에도 똑같이 찾아볼 수 있다. 또한 위에 언급한 동물들과 마찬가지로 사람들도 다른 사람들에 대해 그렇게 행동한다.

#12 각종 질병의 원인

각종 질병의 특성을 검토해보면 우리는 그 원인이 정신의 열정과 번민에 있다는 사실을 알게 된다. 정신의 열정과 번민이 없던 황금시대에는 각종 질병도 없었다. 황금시대의 뒤를 이은 순은시대는 그 순수함을 여전히 보존했다. 청동시대는 정신의 열정과 번민을 낳았다. 그래서 정신의 열정과 번민이 모습을 드러내기 시작했지만 아직은 힘도 미약하고 하찮은 단계였다.

그러나 철기시대에 들어서자 정신의 열정과 번민은 그 위력이 최고조에 이르렀고 해독도 가장 심하게 되어, 그 해로운 영향력은 장구한 세월에 걸쳐서 인류를 괴롭혀 온 각종 질병을 전 세계에 퍼뜨렸다.

야심은 극심한 급성 열병을, 질투는 황달병과 불면증을, 게으름은 혼수상태, 마비, 무기력 상태를 일으켰다. 분노는 질식, 피를 토하는 발작, 허파의 염증을 일으켰다. 두려움은 심장의 박동이 빨라지게 하고 사람을 기절하게 만들었다. 허영심은 광증을, 탐욕은 발진과 가려움증을 일으켰다. 슬픔은 괴혈병을, 잔인함은 결석을 일으켰다. 모함과 중상은 홍역, 천연두, 자반병(紫斑病)을 퍼뜨렸다. 그리고 질투 때문에 우리는 탈저(脫疽), 페스트, 광견병에 걸렸다.

예기치 못한 모욕은 졸도를, 소송절차는 편두통과 뇌일혈을, 빚은 폐결핵을 일으켰다. 결혼생활의 권태는 4일마다 열병에 걸리게 했고, 감히 헤어지지 못하는 애인들의 싫증은 우울증을 일으켰다.

다른 모든 것을 합친 것보다 사랑 한 가지가 더 많은 질병을 일으켰지만 그 질병을 일일이 다 열거할 수 있는 사람은 하나도 없다. 그러나 사랑은 삶의 가장 좋은 것들도 또한 가져다주는 만큼 우리는 사랑을 비방하기는커녕 입을 다물고 있어야만 한다. 즉, 우리는 사랑을 언제나 두려워하고 존중하지 않으면 안 된다.

#13 허위

사람들은 서로 다른 방식으로 거짓된 행동을 한다. 허위로 가득 찬 어떤 사람들은 실제의 자기 자신이 아닌 다른 사람으로 보이기를 원한다. 또 어떤 사람들은 앞에 언급된 사람들보다는 신뢰감을 더 불러일으키기는 하지만 선천적으로 거짓된 사람이며 자기 자신을 속이는가 하면 사물들을 결코 있는 그대로 보지 않는다.

정신은 건전하지만 취향은 거짓된 사람들이 있는가 하면 정신은 거짓되고 취향은 비교적 건전한 사람들이 있다. 또한 정신도 취향도 거짓되지 않은 사람들도 있는데 이러한 사람들은 매우 드물다. 왜냐하면 일반적으로 거의 모든 사람의 정신이나 취향에는 거짓된 어떤 것이 어느 구석엔가는 도사리고 있기 때문이다.

이토록 허위가 보편적 현상이 되는 원인은 우리의 특성이 불확정적이고 불명확하며 우리의 견해도 또한 그러하기 때문이다. 우리는 사물을 있는 그대로 보지 않고 사물의 가치를 과소 또는 과대평가하며, 사물 자체뿐만 아니라 우리의 여건과 특성에도 적절한 방식으로는 사물을 대하지 않는다.

이러한 그릇된 판단 때문에 우리의 취향과 정신에 무수한 허위가 초래된다. 우리는 이기심은 외형상 좋게 보이는 것이 앞에 나타나면 언제나 쏠린다. 그러나 우리의 허영심이나 다혈질을 부추기는 좋은 것이 많기 때문에 우리는 그러한 것들을 흔히 습관적으로나 편의에 따라 추구한다. 또한 다른 사람들이 추구하기 때문에 우리도 추구한다. 그러나 우리 모두가 똑같은 감정을 느껴야만 하는 것도 아니고, 추구하는 사람에게 어느 정도 적절한가에 따라서 애착의 강약도 달라져야만 한다는 점을 전혀 고려하지 않는다.

우리는 정신보다는 취향이 거짓된 면을 드러내는 것을 한층 더 두려워한다. 정직한 사람이라면 아무런 편견도 없이, 인정받을 가치가 있는 것은 인정하고 추구할 가치가 있는 것은 추구해야만 하며, 아무것도 뽐내서는 안 된다. 그러나 여기에는 대단한 균형 감각과 정확성이 요구된다. 우리는 일반적으로 좋은 것과 우리 자신에게 적절한 것을 구별할 줄 알아야만 한다. 따라서 타당한 이유를 지닌 채, 우리 마음에 드는 것에 기우는 선천적 성향을 따라야만 한다.

만일 사람들이 오로지 자신의 재능만으로, 의무를 완수하는 것만으로 남들을 능가하기를 바란다면 그들의 취향과 행동에는 거짓된 것이 전혀 없을 것이다. 그들은 자기 자신을 있는 그대로 보여줄 것이고, 모든 것을 자신의 능력에 따라 판단할 것이며, 자기 자신의 이성의 힘으로 모든 것에 전념할 것이다. 그들의 견해와 감정에는 균형 감각이 요구된다. 그들의 취향은 진실한 것이고, 다른 사람들이 아니라 그들 자신으로부터 나올 것이며, 그들은 그러한 취향을 습관적으로나 우연히 따르는 것이 아니라 자신의 선택에 의해 따를 것이다.

우리가 인정해서는 안 되는 것을 인정할 때 거짓된 행동을 하는 것이라면, 이와 마찬가지로 그 자체로는 좋은 것이지만 우리에게는 적합하지 않은 특질로 다른 사람들의 주목을 받으려고 할 때에도 거짓된 행동을 하는 경우가 매우 많다.

시장은 비록 어떤 경우에 용감하다 해도 자신의 용기를 뽐내서는 안 된다. 그는 폭동을 진압할 의무가 있을 때에는 거짓된 행동에 대해 조금도 우려할 것도 없이 강력하고 단호하게 보여야 한다. 그러나 그가 결투를 한다면 그것은 거짓되고 우스꽝스러운 짓이 될 것이다.

여자가 여러 학문을 좋아할 수는 있지만 모든 학문이 여자에게 항상 적합한 것은 아니다. 어떤 학문들에 요구되는 끈기는 여자에게 결코 적합하지 않고 또한 항상 거짓된 것이다.

이성과 건전한 양식은 모든 사물에게 가치를 부여해야만 하고, 또한 우리의 취향으로 하여금 사물을 그 가치에 따라, 우리에게 적절하도록, 등급을 매기게 만들어야만 한다. 그러나 거의 모든 사람들은 이러한 가치 부여와 등급 매기는 일에서 잘못을 저지르고, 이러한 그릇된 판단에서 항상 거짓된 행동을 한다.

가장 위대한 왕들이 이러한 잘못을 가장 흔하게 저지른다. 그들은 용기, 지식, 여자에 대해 정중함, 그리고 누구나 바라는 수많은 다른 장점들에 있어서 다른 사람들을 능가하고 싶어 한다. 그러나 이러한 면에서 능가하려는 그들의 취향은 과도하면 거짓된 것이 될 수 있다. 그들은 다른 사람을 경쟁상대로 삼아야만 한다. 즉, 오로지 다른 왕들 하고만 경쟁하기를 바랐던 알렉산더 대왕을 본받아야만 하는 것이다. 또한 그들은 오로지 군주에게 고유한 장점들에 관해서만 경쟁해야 한다는 사실을 명심해야 한다. 왕이 아무리 용감하고 지혜롭고 매력적이라 해도, 자기 못지않게 그러한 장점을 구비한 사람들을 무수히 발견할 것이다. 또한 그러한 다른 사람들을 능가하려는 욕망은 언제나 거짓된 것으로 보일 것이고, 흔히 능가하지도 못한다.

그러나 그가 자신의 진정한 각종 의무에 전념한다면, 관대하다면, 위대한 장군이자 위대한 정치가라면, 정의롭고 자비로우며 너그럽다면, 백성들의 짐을 가볍게 해준다면, 자기 왕국의 영광과 평온함을 사랑한다면, 이토록 고상한 행동 측면에서 자기와 경쟁할 상대로는 다른 왕들밖에는 없다는 것을 알게 될 것이다. 이토록 정당한 의도에는 오로지 참되고 위대한 것만 있을 것이고, 다른 왕들을 능가하려는 욕망에는 거짓된 것이 전혀 없을 것이다. 이러한 경쟁이야말로 왕에게 적합한 것이며, 그가 바라야만 하는 참된 영광이다.

#14 자연과 운명이 만들어내는 전형들

운명은 변하기 쉽고 변덕스럽다 해도 자연과 협력하기 위해서 그 변화와 변덕을 포기하는 듯이 보인다. 그런가 하면, 비범하고 특이한 인물들을 배출하기 위해, 후세에 전형들을 제공하기 위해 자연과 운명이 가끔 협력하는 듯이 보이기도 한다. 자연의 역할은 각종 장점들을 부여하는 것인 반면, 운명의 역할은 그 장점들을 작용시키고 자연과 운명의 의도에 적합한 정도로 드러내 보이는 것이다.

그래서 자연과 운명은 위대한 화가들이 자기가 그리고 싶은 것의 완전한 그림을 우리에게 제공할 때 사용하는 법칙들을 따르는 듯이 보인다고 말할 수도 있다. 자연과 운명은 대상 인물을 선정하고 스스로 세운 계획에 집착한다. 출생, 교육, 선천적 및 후천적 장점들, 시대, 상황, 친구들, 적들을 이용하고, 미덕들과 악덕들, 유익한 행동들과 해로운 행동들에 주목하게 만든다. 심지어 사소한 여건들과 더 중대한 여건들마저도 결합시키고, 그것들을 매우 교묘한 기술로 제시하기 때문에 사람들의 행동과 동기가 자연과 운명이 바라는 형태와 의미를 지닌 채 항상 우리에게 나타난다.

고매한 정신과 뛰어난 용기의 전형으로 알렉산더 대왕을 세상에 보여주기 위해서 자연과 운명은 그의 한 몸에 탁월한 특질들을 얼마나 잘 집중했던가! 그의 고귀한 출생, 교육, 젊음, 준수한 용모, 우수한 체격, 전쟁과 학문을 위한 정신의 능력과 적응력, 미덕들, 결점들, 그가 인솔한 소수의 병력, 적군의 엄청난 세력, 매우 짧았던 멋진 생애, 그의 죽음, 그리고 그의 후계자들을 검토해 본다면, 우리는 이 무수한 서로 다른 여건들을 한 개인에게 집중시키기 위해서 자연과 운명이 얼마나 부지런히 엄청난 노력을 했는지를 깨달을 수가 없단 말인가? 정복한 지역의 광대함보다는 자신의 개인적 장점들 때문에 더 위대해진 젊은 정복자의 전형을 제시하기 위해서 자연과 운명이 이토록 많은 비범한 사건들을 배열하고 각 사건을 나름대로 의미 있게 보여주는 특별한 배려를 했다는 사실을 우리는 깨달을 수가 없단 말인가?

자연과 운명이 카이사르를 우리에게 어떤 식으로 보여주는지 생각해 본다면, 우리는 자연과 운명이 다른 계획을 따랐다는 사실, 즉 카이사르 한 개인에게 이토록 많은 용기, 자비, 관대함, 이토록 풍부한 군사적 재능, 이토록 예리한 통찰력, 정신과 태도의 이토록 풍부한 여유, 이토록 탁월한 웅변술, 매우 우아한 체격, 전쟁을 위해서나 평화를 위해서나 매우 탁월한 천재성을 부여했다는 것을 우리는 깨달을 수가 없단 말인가?

또한 자연과 운명이 이토록 수많은 비범한 재능들을 배열하고 이용하기 위해서 오랫동안 애썼다는 것, 그리고 오로지 세상의 가장 위대한 인물이자 가장 유명한 왕위 찬탈자의 예를 우리에게 남겨주기 위해서만 카이사르에게 그 재능을 자기 조국을 거슬러 사용하도록 강제했다는 것을, 다시 한 번 더 말하지만, 우리는 깨달을 수가 없단 말인가?

운명은 자신이 만들어낸 사람들 가운데 가장 위대한 인물들에 의해 강화되고 지탱되는, 온 세상의 지배자 로마 공화국에서 카이사르가 태어나게 했다. 또한 가장 위대한 인물들 가운데에서도 가장 유명하고 가장 강력하며 가장 무시무시한 자들을 골라서 카이사르의 적으로 만들었다. 카이사르가 가장 명망이 높은 사람들과 한동안 화해하도록 하여 그들이 카이사르의 명성을 높이게 했고, 그 후에는 그들의 눈이 너무나도 부셔서 앞을 보지 못하게 만들어서 그들이 카이사르에게 전쟁을 선포하게 만들었다. 그 전쟁은 카이사르에게 절대 권력을 부여할 예정이었다.

운명은 얼마나 많은 난관을 극복하도록 카이사르를 도와주었던가! 바다와 육지의 얼마나 많은 위험에서 그를 보호하여 그가 상처를 입지 않도록 해주었던가! 얼마나 끈질기게 카이사르의 포부를 지원하고 폼페이우스의 포부를 물거품으로 만들었던가! 그토록 강력하고 그토록 자부심이 강하며 자유를 그토록 아끼던 로마인들을 한 개인의 권력에 굴복시키기 위해 얼마나 부지런히 작용했던가!

심지어 카이사르의 죽음마저도 이용하여 그의 죽음이 그의 생애에 적절한 것이 되도록 하지 않았던가? 모든 점쟁이들의 경고도, 모든 기적도, 그의 아내와 친구들의 모든 충고도 그의 목숨을 구할 수 없었다. 운명은 원로원이 그에게 왕관을 바칠 예정이던 바로 그 날을 선택하여 그가 구출해준 바로 그 사람들, 그가 낳았던 자가 그를 암살하게 만들었다.

자연과 운명의 이러한 일치는 카토의 경우보다 더 현저한 것은 없었다. 자연과 운명은 한 개인에게 고대 로마의 미덕들을 집중시킬 뿐만 아니라 그를 카이사르의 미덕들과도 정면으로 대조시키기 위해 서로 애쓴 것처럼 보인다. 이것은 두 사람의 정신력과 용기가 비슷하다 해도, 영광을 얻으려는 욕망 때문에 카이사르는 왕위 찬탈자가 되고 카토는 완벽한 시민의 전형이 되었다는 것을 보여주려는 것이다.

이 두 위인에 관해서는 많은 사람이 이미 기록했기 때문에 여기서 내가 의도하는 것은 그들을 나란히 놓고 비교하려는 것은 아니다. 다만 한 가지 말하고 싶은 것은 카토와 카이사르가 우리에게 아무리 위대하고 저명하게 보인다 해도, 그들의 모든 특질들은 자연과 운명이 대조시키지 않는 한 제대로 드러날 수 없었을 것이라는 점이다.

그들은 같은 시기에, 같은 공화국에서, 서로 다른 기질과 재능을 지닌 채 태어나야만 했고, 공공의 이익뿐만 아니라 개인적인 이익 때문에도 서로 적대해야만 했다. 카이사르는 원대한 포부와 무한한 야심을 품었고, 카토는 근엄하게 살고 로마법을 준수했으며 자유를 극도로 옹호했다. 두 사람 모두 미덕으로 유명했지만 그들이 미덕을 실천한 방식은 너무나도 서로 달랐다. 또한 자연과 운명이 세심한 주의를 기울여서 그들의 미덕을 대조시켰다고 말할 수가 있는데 바로 이러한 이유 때문에 그들은 더욱 유명한 것이다.

카토의 삶과 죽음에서는 모든 상황이 얼마나 잘 정돈, 지속, 조화되었던가! 운명은 이 위대한 인물의 배경으로 바로 로마 공화국의 운명을 우리에게 제시하기를 바랐다. 그래서 그의 생애와 더불어 그의 조국의 자유도 동시에 끝내버렸던 것이다.

우리가 과거의 경우들을 떠나서 현재의 경우를 살펴본다면, 자연과 운명이 내가 이미 지적했던 협조관계를 계속 유지하고 있다는 것을 알게 된다. 따라서 자연과 운명은 전술의 두 대가를 통해서 서로 다른 전형들을 보여준다.

우리는 콩데Conde 공과 튀렌Turenne 원수가 군사적 영광을 다툰다는 것도 알고 수많은 눈부신 공적 때문에 당연히 명성을 얻었다는 것도 안다. 그들은 용기와 경험에 있어서 대등할 것이다. 또한 몸도 마음도 지치지 않은 채, 그들은 때로는 공동으로, 때로는 개별적으로, 때로는 적대적으로 행동한다. 전황의 변화에 따라서 행운이나 불운을 겪지만, 자신의 행동과 용기에 따라 성공하는가 하면 불명예의 시기에는 언제나 더욱 위대하게 보인다.

두 사람 모두 프랑스를 구했고 또 프랑스를 파괴하는데 기여했으며 똑같은 재능을 서로 다른 방식으로 사용했다. 즉, 튀렌 원수는 과시하기보다는 질서정연하게 작전을 폈고, 용기를 발휘할 때에도 매우 신중하여 필요한 경우에만 발휘했다. 반면에 콩데 공은 가장 거창한 행동을 예견하고 실행하는 데 있어서 모든 사람을 능가했고, 천재성도 가장 탁월하여 어떠한 상황이든 모두 극복하여 자신의 영광에 기여하도록 만들었다.

그들이 마지막 전투에서 공동으로 지휘했던 프랑스 군대의 취약성, 그리고 그들을 대적한 적군의 강력한 세력은 두 사람이 각자 능력을 최대한으로 발휘할 뿐만 아니라 다른 전투에서 거두지 못했던 공적을 거두는 새로운 기회를 제공했다. 심지어 튀렌 원수의 죽음마저도 참으로 훌륭한 생애에 매우 적합한 것이었고, 기이한 여건이 너무 많이 수반되어 있었으며, 너무나도 결정적인 순간에 닥친 것이었다. 그래서 우리 눈에는 운명이 비겁하고 우유부단해서 그의 죽음이 닥친 것처럼 보인다. 즉, 운명은 프랑스와 신성로마제국의 운명을 감히 결정하지 못했던 것이다.

바로 그 운명은 콩데 공이 건강 악화를 구실로 군대의 지휘권을 넘겨주도록 했는데, 그것도 그가 위대한 업적을 쌓을 수 있었던 바로 그 시기였다. 그러나 운명은 자연과 손을 잡은 채, 사생활로 돌아간 이 위대한 인물이 평상시의 미덕들을 실천하면서도 군사적 영광은 계속 보유하고 있는 모습을 보여주지 않았던가? 찬란한 명성의 광채는 그가 군사적 승리를 거듭할 때보다 은퇴생활을 할 때 감소되기라도 했단 말인가?

- **폼페이우스** Gnaeus Pompeius Magnus(BC 106~48) : 로마의 군인, 정치가.
- **그가 낳았던 자** : 로마의 정치가 브루투스 Marcus Junius Brutus(BC 85?~42)를 가리킨다. 플루타르코스에 의하면 카이사르는 브루투스가 자기 아들이라고 믿었다.
- **카토** Marcus Porcius Cato Jr.(BC 95~46) : 로마의 정치가, 철학자. 카이사르의 강력한 적이었고, 엄격한 생활과 고대 로마의 미덕들의 보유자로 유명했다. 공화국이 무너지자 자살했다.
- **콩데** Conde 공(1621~1686) : 부르봉 왕가의 루이 2세. 17세기 프랑스의 군사지도자.
- **튀렌** Turenne 원수(1611~1675) : 17세기 프랑스의 군사지도자. 신성로마제국 군대와 싸우다가 자스바흐 Sasbach에서 전사했다.

#15 바람난 여자들과 늙은이들

취향에 관해 일반적으로 말하기가 어렵다고 한다면, 바람난 여자들의 취향에 대해서 말하기는 더욱 어렵다. 그렇다고 해도 바람난 여자들은 자신의 허영심을 만족시키는 사람들에 대해서 가리지 않고 모두 그 비위를 맞추어주려고 하고 상대가 누구이든 모두 정복할 가치가 있다고 여긴다는 점만은 우리가 말할 수 있다. 그러나 이러한 여자들의 취향 가운데 내가 보기에 가장 이해하기 어려운 것은 과거에 바람을 피운 적이 상당히 많은 늙은이들에 대한 취향이다.

대단히 흔하면서도 우리의 여성관에 너무나도 상반되는 감정의 원인은 미지의 상태로 내버려둘 수 없는 것이다. 이러한 취향은 극도로 기이하게 보이지만 그러한 예가 사실은 너무나도 많다. 애벌레가 자연의 배려에 따라 말기에 날개를 얻어서 나비가 되는 것과 마찬가지로 자연이 바람난 여자들을 늙은이들에게 보내서 그들을 비참한 상태에서 구출하도록 만들기 위해 자애로운 배려를 베푸는 것인지 여부를, 나는 철학자들의 결정에 맡기려 한다. 그러나 내가 보기에는 자연법칙의 비밀을 캐지 않더라도 늙은이들에 대한 바람난 여자들의 비열한 취향이 한층 더 구체적인 원인을 우리는 찾아낼 수 있다. 가장 현저한 사실은 이러한 여자들이 놀라운 것을 좋아하는데 죽은 자를 부활시키는 것보다 그들의 허영심을 더 만족시키는 것은 없다는 것이다. 그들은 부활한 자를 개선행렬을 장식하기 위해 자기 전투용 마차에 기꺼이 부속시키고, 자기 명성은 조금도 손상되지 않는다.

반면, 바람난 여자가 거느리는 수행원들 가운데 끼인 늙은이는 한낱 장식품에 불과하다. 아마디스Amadis에서 난장이들이 필요하듯이 늙은이도 그러한 여자의 수행원들의 하나로 필요하다. 바람난 여자들에게는 이처럼 편리하고 유용한 노예가 또 없으며, 하찮은 남자 애인을 둔 채 겉으로는 선량하고 정숙한 척한다. 늙은이는 그녀를 칭찬하고 남편의 신뢰를 얻는가 하면, 그녀의 행실이 바르다고 남편을 안심시킨다. 늙은이가 남편의 신뢰를 얻으면, 여자는 거기서 수많은 방법으로 도움을 받는다. 늙은이는 그녀의 집의 모든 이해관계, 모든 어려운 일에 관여한다.

그녀의 진짜 정사에 관한 소문을 듣는다 해도 늙은이는 그것을 믿기는커녕 막아버리는가 하면, 세상 사람들이 모두 험담에만 몰두한다고 주장한다. 또한 그토록 훌륭한 여자의 마음을 사로잡기가 이만저만 어려운 일이 아니라고 자신의 경험에 비추어서 믿는다. 여자의 총애와 호의를 누릴수록 그는 더욱 정중하고 충실해지며, 자기 이익을 위해서라도 침묵을 지킨다. 여자에게 버림을 받을까 항상 두려워하는가 하면, 여자가 자기를 용납해주기만 하면 그것을 과분한 행복이라고 여긴다.

그는 초라한 외모에도 불구하고 여자에게 선택되었기 때문에 자기가 사랑을 받고 있다고 기꺼이 확신한다. 또한 그것이 자신의 노년기가 지닌 가치에서 오는 특권이라고 믿고, 사랑의 여신이 언제까지나 자기를 기억해 주는 데 대해 감사한다.

한편 여자로서는 늙은이에게 한 약속들을 위반할 생각이 없을 것이다. 그녀는 그가 언제나 자기 마음을 사로잡았다고, 그를 몰랐더라면 자기가 결코 사랑에 빠지지도 않았을 것이라고 강조한다. 무엇보다도 질투하지 말고 자기를 믿어달라고 그에게 간청한다. 사교계 출입과 점잖은 사람들과 교제하는 것을 어느 정도 좋아한다는 것은 시인한다. 심지어 여러 명의 점잖은 사람들을 동시에 상대할 필요성이 있다는 것도 시인하지만 그것은 다른 사람들과 달리 그를 각별히 대한다는 사실을 드러내지 않으려는 목적이라고 말한다.

자기와 우연히 어울리게 된 사람들에게 그를 비웃는 말을 했다면 그것은 오로지 그의 이름을 자주 말하는 것이 즐겁기 때문에, 또는 자기 자신의 감정을 한층 효과적으로 감추기 위해서 그런 것뿐이라고 단언한다. 그리고 무엇보다도 그가 자신의 행동을 지배하고 있으며, 그가 그것으로 만족하고 자기를 항상 사랑하는 한, 다른 것은 전혀 자기에게 중요치 않다고 말한다.

늙은이들 가운데 어느 누가 이토록 설득력이 강한 말을 듣고도 안심하려고 하지 않겠는가? 물론 이러한 말은 젊고 매력적인 청년도 자주 속였다. 그러나 불행히도 늙은이는 이제 자기가 더 이상 젊지도 매력적이지도 않다는 사실을 너무 쉽게 잊는다. 게다가 이러한 약점은 사랑을 받아온 늙은이들에게 가장 흔한 것이다. 이런 식으로 속는 것과 진실을 아는 것 중에서 어느 쪽이 더 그들에게 나은지는 나도 모른다.

적어도 여자들은 그들을 용납하고 즐겁게 해준다. 그들은 자신의 비참한 모습을 외면하게 된다. 고통스럽고 활기 없는 삶의 권태와 낙담에 비하면 웃음거리가 된 그들의 처지는 그들에게 한층 경미한 불행인 경우가 많다.

● 아마디스 Amadis : 중세 기사도를 주제로 한 스페인의 인기 높은 16세기 소설.

# *16* 정신의 서로 다른 유형들

정신의 모든 특질을 위대한 정신의 소유자 한 명이 구비할 수는 있다. 그럼에도 불구하고 일부 특질은 오로지 위대한 정신의 소유자에게만 고유하고 특별한 것이다. 그의 이해력은 무한하다. 그는 항상 일정하게 행동하고 그의 행동은 언제나 동일하다. 먼 곳에 있는 것을 마치 가까이 있는 것처럼 식별한다. 가장 큰 것들을 이해하고 상정하는가 하면 가장 작은 것들을 보고 또 안다. 그의 생각은 고매하고 광활하고 올바르고 이해가 가능한 것이다. 아무것도 그의 통찰력을 피하지 못한다. 그래서 그는 다른 사람들에게는 숨겨진 어둠 속의 진실들을 항상 식별한다. 그러나 이러한 탁월한 특질들도 기질이 그를 지배할 때에는 그가 왜소하고 허약하게 보이는 것을 막지 못한다.

훌륭한 정신의 소유자는 항상 고상하게 생각한다. 그는 명료하고 유쾌하고 자연스러운 생각들을 쉽게 하며, 가장 분명하게 드러내는가 하면, 적절한 모든 장식품으로 장식한다. 다른 사람들의 취향을 꿰뚫어 보고 자기 생각에서 쓸모없거나 불쾌한 것을 모두 제거한다.

영리하고 민첩하며 남을 잘 설득하는 정신의 소유자는 각종 어려움을 피하고 극복할 수 있다. 그는 자기가 원하는 것에 쉽게 적응한다. 자기가 상대하는 사람들의 정신과 기질을 이해하고 받아들일 수 있다. 상대방의 이익을 구려해 줄 때 그는 자기 자신의 이익을 증진하고 확보하고 있는 것이다.

건전한 정신의 소유자는 모든 사물을 있는 그대로 보는가 하면 그 진정한 가치를 제대로 평가하며, 자기에게 가장 유리하게 활용할 줄도 안다. 그는 자기 생각이 얼마나 강력하고 합리적인지 알기 때문에 그것을 확고하게 견지한다.

실용주의자의 정신과 기업가의 정신은 서로 다르다. 우리는 자신의 개인적인 이익을 추구하지 않으면서도 사업을 이해할 수 있다. 어떤 사람들은 자기와 관련이 없는 모든 것에 대해서 능숙하지만 자기와 관련되는 모든 것에 대해서는 매우 미숙하다. 반면, 어떤 사람들은 자기와 관련이 되는 것에 대해서만 능숙하고 어떠한 경우에든 자기 이익이 되는 것만 추구한다.

어떤 사람은 전반적으로 진지한 정신의 소유자이면서도 유쾌한 이야기와 농담을 자주 한다. 이러한 종류의 정신은 모든 종류의 사람들, 모든 연령의 사람들에게 적합하다. 대개 젊은이들은 유희와 농담을 즐기면서도 진지하지 못한 정신을 소유한다. 그래서 그들은 매우 성가신 존재가 자주 된다.

항상 익살을 부리려는 의도보다 견지하기가 더 힘든 것은 없다. 남들을 즐겁게 해서 우리가 가끔 갈채를 받지만, 기분이 좋지 않은 상태에 있는 그들을 지루하게 만들어서 모욕을 받는 경우가 흔하기 때문에 갈채를 받아도 아무 소용이 없다.

농담은 정신의 가장 매력적이면서도 가장 위험한 특질들 가운데 하나이다. 세련된 농담은 항상 즐거운 것이지만 우리는 농담을 너무 자주 하는 사람들을 역시 항상 두려워한다. 그럼에도 불구하고 악의가 전혀 섞이지 않았을 때, 그리고 농담의 대상이 되는 당사자들 자신이 농담을 함께 즐기게 만들 수 있을 때에는 농담이 용납될 수 있다.

익살 부리기나 농담하기를 좋아하지 않은 채 농담을 좋아하는 정신의 소유자가 되기는 어렵다. 농담의 양극단 어느 쪽에도 빠지지 않은 채 농담을 오래 계속하기 위해서는 대단한 기술이 필요하다. 농담은 유쾌한 정신에서 나오는데 이 정신은 상상력을 가득 채우고 상상력이 모든 대상 안에서 우스꽝스러운 점을 발견하게 해준다. 그리고 이 정신은 우리의 기질에 따라 정도가 다르기는 하지만 부드러워지기도 하고 신랄해지기도 한다. 교묘하고 아첨하는 식의 농담이 있는데, 이것은 농담의 대상이 되는 사람들이 기꺼이 인정하려고 하는 결점들만 취급하고, 비난으로 위장된 칭찬을 감출 줄 알며, 상대방의 장점들을 감추는 척하면서 사실은 드러내는 것이다.

예민한 정신의 소유자와 교활한 정신의 소유자는 서로 매우 다르다. 예민한 정신의 소유자는 언제나 남을 즐겁게 한다. 그는 빈틈

이 없는가 하면, 미묘한 것들을 생각하고 가장 인식하기 어려운 것들을 꿰뚫어본다. 교활한 정신의 소유자는 솔직하게 행동하는 법이 결코 없다. 그는 자기가 의도하는 바를 성취하기 위해 편법과 우회적 방법을 사용하려고 한다. 이러한 행동은 곧 탄로나게 되고, 항상 의심을 받으며, 큰일은 결코 이루지 못한다.

열렬한 정신의 소유자와 우수한 정신의 소유자는 상당히 다르다. 열렬한 정신의 소유자는 더 멀리, 더 빨리 가지만, 우수한 정신의 소유자는 활발하고 매력적이고 정확하다.

부드러운 정신의 소유자는 너그럽고 적응을 잘 하며, 고리타분하지 않는 한 언제나 남들을 즐겁게 한다.

세심한 정신의 소유자는 자기가 만나는 모든 대상의 세부사항들을 체계적인 법칙에 따라 다룬다. 그래서 그는 대개 사소한 일들에만 치중하게 된다. 그렇다고 해서 그가 원대한 시야를 항상 구비하지 못하는 것은 아니다. 한 사람이 세심한 정신과 원대한 시야를 갖춘다면 그는 다른 사람들을 한없이 능가하게 되는 것이다.

'재치 있는 사람'이라는 말은 잘못 사용되는 경우가 많다. 위에 언급된 정신의 모든 유형들은 재치 있는 사람에게 적합할 수도 있다. 그러나 수많은 엉터리 시인과 지루한 작가들이 재치 있는 사람들이라고 불렸기 때문에 재치 있는 사람이라고 하면 칭찬보다는 조롱의 의미로 사용되는 경우가 더 많다.

재치 있는 사람이라는 말에 여러 가지 형용사가 붙는데, 그러한 것들은 모두 동일한 듯이 보인다 해도 어조와 말하는 방식에 따라서 구별이 된다. 그러나 어조와 말하는 방식은 글로 표현할 수 없는 것이기 때문에 나는 제대로 설명하기가 불가능한 것에 대해 세밀하게 파고 들지는 않겠다. 일반적인 용법이 그 차이를 분명히 드러낸다. 어떤 사람이 '재치가 있다'든가, '상당히 재치가 있다'든가, '매우 풍부한 재치가 있다'든가, '놀라운 재치가 있다'고 우리가 말할 때 오로지 어조와 말하는 방식만이 이러한 표현들 사이의 차이를 드러낸다. 이러한 표현들은 종이에 글로 적으면 모두 똑같이 보이지만, 실제로 표현되는 재치 있는 사람의 종류는 매우 다른 것이다.

또한 우리는 어떤 사람이 재치가 '한 가지 종류'만 있다거나, '여러 가지'가 있다거나, '모든 종류'의 재치를 구비한다고 말한다. 사람은 매우 풍부한 재치를 구비해도 바보가 될 수 있고, 재치가 거의 없어도 결코 바보가 되지 않을 수도 있다.

'재치가 매우 풍부하다'는 말은 애매한 것이다. 그것은 위에 언급된 모든 종류의 정신의 소유자들을 포괄할 수 있지만, 동시에 특정한 종류의 정신의 소유자를 전혀 의미하지 않을 수도 있다. 우리는 행동에는 재치가 전혀 없지만 말에는 재치를 들어낼 수 있는 경우가 가끔 있다. 재치가 있으면서도 편협한 사람일 수도 있다. 어떤 것들에 대해서는 재치를 잘 부리지만 다른 것들에 대해서는 그렇지 못할 수도 있다. 재치가 대단히 풍부한 사람들이 매우 성가신 존재인 경우도 많다. 그렇다 해도 재치 있는 사람의 가장 큰 장점은 그가 대화에서 남들을 가끔 즐겁게 해준다는 사실이다.

각종 정신의 소유자들의 언행이 무한히 많다고 해도 내가 보기에는 우리가 다음과 같은 종류들을 구별할 수 있을 것이다. 어떤 언행들은 매우 아름다워서 누구나 그것이 아름답다고 보고 느낄 수 있다. 어떤 것들은 아름답지만 지루하다. 어떤 것들은 누구나 아름답다고 느끼고 감탄하지만 모든 사람이 그 이유를 아는 것은 아니다. 어떤 것들은 매우 교묘하고 섬세해서 그 아름다움을 전부 식별할 수 있는 사람은 거의 없다. 끝으로 어떤 것들은 불완전하기는 하지만, 매우 기술적으로 언급되고 매우 합리적으로, 매우 우아하게 취해진 것이기 때문에 감탄의 대상이 될 가치가 있다.

#*17* 변덕

나는 경솔하기 때문에 부리는 변덕은 말할 것도 없고, 일반적인 경우의 변덕도 여기서 정당화할 생각이 조금도 없다. 그리고 사랑의 다른 모든 변화에 대해 변덕을 탓하는 것도 똑같이 부당하다. 사랑할 때 최초로 피는 매력적이고 신선한 꽃은, 결실을 맺기 위한 꽃과 마찬가지로, 아무도 모르는 사이에 진다. 이것은 어느 누구의 잘못도 아니다. 오로지 시간의 탓일 뿐이다.

사랑의 초기 단계에서 다른 사람의 외모는 매력적이고, 우리는 비슷한 감정을 품으며, 부드럽고 즐거운 것을 찾는다. 남이 우리를 즐겁게 해주기 때문에 우리도 남을 즐겁게 해주려고 한다. 또한 자기가 사랑하는 대상에게 무한한 가치를 부여할 줄 안다는 것을 보여주려고 애쓴다.

그러나 얼마 후 우리는 자신이 항상 느낄 것이라고 여기던 그런 감정을 더 이상 느끼지 못한다. 불이 꺼진다. 신선함의 매력이 사라진다. 사랑에서 가장 큰 힘을 발휘하는 외모의 아름다움은 줄어들거나 동일한 인상을 더 이상 주지 못한다. 사랑이라는 명칭은 계속해서 남지만 사람들도 감정도 예전의 그것과 동일하지는 않다. 우리는 명예심이나 습관 때문에, 그리고 자기 자신의 변화를 지나치게 의식하는 것을 피하기 위해서 의무를 계속해서 이행한다.

오랜 세월이 지난 뒤 사람들이 서로 상대방을 바라보는 것과 똑같이 애인들도 처음부터 상대방을 그렇게 바라보았더라면, 사랑에 빠지는 한 쌍의 남녀가 있을 수 있겠는가? 반면, 그들이 처음에 상대방을 바라보았듯이 상대방을 다시금 서로 바라볼 수 있다면, 어느 한 쌍의 남녀가 헤어지겠는가?

언제나 우리의 취향을 지배하면서도 만족할 줄 모르는 우리의 자존심은 새로운 즐거움을 끊임없이 요구할 것이다. 그러나 변함없이 계속되는 것은 그 힘을 잃을 것이다. 그것은 사랑이라고 하는 이토록 매력적인 관계에서 자기 역할을 더 이상 수행하지 못할 것이다.

현재의 애정이 최초의 애정과 똑같은 매력을 발휘하고, 추억은 이 두 가지를 차별하지 않을 것이다. 한 쌍의 남녀는 변덕마저도 모른 채 해서 서로 사랑하고 똑같은 즐거움을 누릴지도 모른다. 왜냐하면 그들은 서로 사랑하는 동일한 이유를 각각 항상 지니고 있기 때문이다.

우정에서 발생하는 변화의 원인들은 사랑에서 발생하는 변화의 원인들과 거의 같다. 이 두 가지는 매우 비슷한 법칙을 따른다. 사랑은 우정보다 즐거움과 쾌락을 더 많이 주고, 우정은 사랑보다 더 대등하고 더 엄격해야만 하며 아무것도 용서하지 않는다. 그러나 우리의 기질과 이해관계를 변화시키는 세월은 이 두 가지를 거의 같은 방식으로 파괴한다.

사람은 너무 연약하고 변하기가 너무 쉬워서 우정의 무거운 짐을 오랫동안 견디지 못한다. 고대의 역사는 이러한 실례●를 몇 가지 우리에게 제공한다. 그러나 우리가 살아가고 있는 오늘날에도 진정한 우정보다는 진정한 사랑을 찾아보기가 여전히 더 쉽다고 말할 수 있다.

●이러한 실례 : 플루타르코스는 '친구들에 관하여'에서 오레스테스 Orestes와 필라데스 Pylades, 피티아스 Pythias와 다몬 Damon, 테세우스 Theseus와 피리투스 Piritous, 아킬레스 Achilles와 파트로클루스 Patroclus, 에파미논다스 Epaminondas와 펠로피다스 Pelopidas 등을 진정한 우정의 예로 들었다.

#18 은퇴

노인들이 사회활동을 그만 두게 되는 모든 원인들에 관해 여기서 자세히 다룬다면, 나는 너무 긴 논문을 써야 한다. 기질과 외모의 변화, 그리고 체력의 약화 때문에 노인들은, 다른 동물들의 경우와 마찬가지로, 자기도 모르게 다른 사람들과 접촉하는 일을 멀리하게 된다.

그러면 자애심과 불가분의 관계에 있는 자존심이 이성의 역할을 대신하게 된다. 다른 사람들의 자존심을 만족시키는 여러 가지 것들이 노인의 자존심은 더 이상 만족시킬 수 없다. 노인은 모든 사람이 젊었을 때 바라는 것들의 가치, 그리고 그러한 것들을 오랫동안 즐길 수 없다는 사실을 경험을 통해서 이미 알고 있다. 권력, 쾌락, 명성, 출세의 다양한 길이 젊은이들에게는 열려 있는 듯이 보이지만, 노인들에게는 운명이나 자기 자신의 행동, 다른 사람들의 질투와 부당성 때문에 막혀 있다. 이러한 길은 한 번 거기서 벗어났다가 다시 들어가려면 너무나 멀고 너무나도 고통스럽다. 노인들에게는 이러한 길에 놓인 난관들이 극복하기가 불가능한 것으로 보이고 노년기는 그러한 극복을 바라도록 허용하지도 않는다.

노인들은 우정에 대해서 무감각해진다. 그 이유는 그들이 진정한 친구들을 발견한 적이 없었기 때문만이 아니라, 나쁜 친구로 변할 시간이나 기회가 아직 없었던 많은 친구들의 죽음을 보았다. 그래서 살아남은 친구들보다는 이미 죽은 친구들이 더 충직했다고 쉽게 확신하기 때문이기도 하다.

노인들은 자기가 예전에 즐겨 상상하던 좋은 것들과 더 이상 관계가 없다. 심지어 영예에 대해서마저 더욱 아무런 관계가 없다. 이미 얻은 영예는 세월이 흐름에 따라 이미 퇴색해버렸고, 늙어갈수록 얻는 영예보다는 잃는 영예가 더 많은 경우가 빈번하다. 하루하루가 그들 자신의 일부분을 빼앗아간다. 그들은 현재 가지고 있는 것을 즐기기에는 남은 삶이 너무 짧고, 자기가 여전히 바라는 것을 얻기에는 시간이 한층 더 모자란다.

그들의 눈앞에 보이는 것이라고는 비애, 질병, 쇠약함뿐이다. 그들은 이미 모든 것을 보았고, 그래서 참신한 매력을 주는 것은 하나도 없다. 세월은 사물들을 제대로 바라보기에 가장 적절한 관점, 사물들을 마땅히 그렇게 바라보아야만 하는 관점에서 그들이 자기도 모르게 멀어지도록 만들었다. 가장 다행한 노인들은 세상 사람들로부터 여전히 용납되지만 다른 노인들은 멸시를 당한다. 그들에게 남은 유일한 좋은 길은 세상 사람들에게 지나치게 분명히 드러냈는지도 모르는 것을 감추는 일이다.

덧없는 각종 욕심에 환멸을 느낀 채 그들의 취향은 이윽고 말이 없고 무감각한 대상들에게 향하게 된다. 건물, 농업, 경영, 연구 등은 모두 그들이 원하는 대로 된다. 그들은 자기가 원하는 대로 이러한 것들에게 접근하거나 물러가거나 한다. 또한 자신의 계획과 활동을 장악하는가 하면, 자기가 바라는 것은 무엇이든지 자기 손에 달려 있다. 세상에 대한 의존에서 벗어났기 때문에 이제는 세상이 자기에게 의존하게 만든다.

가장 현명한 노인들은 남은 시간을 자신의 구원을 위해 사용할 줄 안다. 이승에서 남은 삶이 너무나도 짧기 때문에 더 나은 내세에 적합한 사람이 된다. 나머지 노인들은 자신의 노쇠한 모습을 적어도 자기 이외에는 다른 사람이 전혀 목격하지 못하게 한다. 그들은 쇠약하기 때문에 오히려 고통을 덜 느낀다. 그들에게는 가장 짧은 소강상태도 더 없는 행복이 된다. 약화되고 있기는 하지만 그들 자신보다는 더 현명한 본성은 욕망이 주는 고통을 그들에게서 자주 제거한다.

끝으로, 그들은 언제든지 자기를 잊어버릴 세상을 자기 자신이 잊어버린다. 은퇴는 그들의 허영심 자체를 달래준다. 또한 권태, 불안정, 쇠약에 많이 시달리면서 그들은 무미건조하고 지루한 삶의 중압을 때로는 신앙심으로, 때로는 이성으로, 그리고 가장 흔하게는 습관적으로 견디고 있다.

#19 현재의 각종 사건

우리에게 가르쳐주는 역사는 세상에서 무슨 일이 벌어지는지 거창한 사건들과 평범한 사건들을 다 같이 보여준다. 이러한 사건들은 뒤죽박죽 섞여서 일어나기 때문에 시대의 흐름 속에 숨어 있는 비상한 사건들을 우리가 식별하지 못하는 경우가 매우 많다. 내가 보기에 우리가 살아가고 있는 이 시대는 과거에 그 어느 때보다도 더 특이한 사건들이 많이 일어났다. 그 가운데 몇 가지만 소개하려고 한다. 그 목적은 그러한 것들에 대해 깊이 생각해 보려는 사람들에게 한층 더 분명하게 제시하는 데 있다.

앙리 대왕의 왕비 마리 데 메디치Marie de Medici는 프랑스 국왕 루이 13세, 가스통Gaston 공작, 스페인 왕비, 사보이 공작부인, 영국 왕비의 어머니였다. 그녀는 프랑스의 섭정으로서 자기 아들과 프랑스를 여러 해 지배했다. 아르망 리슐리외Armand de Richelieu를 추기경으로 만들었고, 또한 프랑스와 국왕을 좌우하는 수상으로 삼았다. 사람들의 경외심을 일으키는 미덕도 결점도 별로 없었지만, 대단히 화려하고 위엄을 갖추었으며, 많은 왕들의 어머니이자 장모인 이 앙리 4세의 미망인은 자기 아들인 프랑스 국왕, 그리고 자기의 덕을 그토록 많이 보았던 리슐리외의 군사들에 의해 체포되었다. 또한 왕가의 다른 자기 자녀들에게도 버림을 받았다. 심지어 그들은 그녀를 감히 자기들의 왕국에 받아들이려고도 하지 못했다. 10년 동안 박해를 받고 나서 그녀는 쾰른에서 가난하게, 그리고 거의 굶어서 죽고 말았다.

앙쥬 드 주와외즈Ange de Joyeuse는 공작, 대신, 육군원수, 해군제독이었고 젊고 부유하고 점잖은 행운아였지만, 이 모든 것을 버리고 카푸치노Cappuccino 수도회의 수도자가 되었다. 그후 여러 해가 지난 뒤, 정치적 필요성 때문에 다시 세속에 나왔다. 교황은 그의 수도자의 맹세를 사면했고 개신교에 속하는 위그노파를 진압할 프랑스 국왕의 군대를 지휘하라고 명령했다. 그는 4년 동안 사령관으로 일했는데, 이 시기에 젊은 시절의 그 열정 때문에 그릇된 길에 들어섰다. 전쟁이 끝나자 다시 수도복을 입고, 오랫동안 거룩한 수도자의 생활을 했다. 그러나 권력의 절정에 있을 때 그가 극복했던 허영심이 수도원 안에서는 그를 쉽게 정복했다. 그는 파리 관구의 수도원장으로 선출되었는데 일부 성직자들이 그의 선출에 대해 이의를 제기하자 그는 로마를 향해 출발했다. 연로한 나이에도 불구하고 걸어서 갔는데 그 여행의 고통과 불편은 이만저만한 것이 아니었다. 게다가 로마에서 파리에 돌아갔을 때 다시 성직자들의 반대에 부딪치자 다시 로마로 떠났다. 그것은 그가 추구할 가치도 전혀 없는 이익을 얻으려는 처사였다. 로마로 가는 도중 그는 피로와 실망과 노년에 짓눌려서 죽었다.

17명의 친구들의 지원을 받은 3명의 포르투갈 귀족이 포르투갈과 '인도 속령들'의 반란을 이끌었다. 그들은 자기 조국이나 다른 어느 나라의 국민들로부터도 협조를 받지 못했고 고위층 인문들과 손을 잡은 것도 없었다. 이 극소수의 음모자들은 리스본에서 왕궁을 장악했고, 스페인 국왕의 섭정이던 만토바Mantova 공작부인을 축출했으며, 포르투갈 왕국 전체가 반란을 일으키도록 만들었다. 이 소요 속에서 목숨을 잃은 것은 스페인 출신의 대신 바스콘셀로스Vasconcelos와 그의 두 하인뿐이었다. 이 대변혁은 브라간사Braganza 공작을 위해서 일어났지만 공작은 전혀 관여하지도 않았다. 공작은 본의 아니게 국왕으로 선포되었는데 포르투갈에서 그것을 반대할 수 있는 인물은 자기 자신뿐이었다. 이윽고 그는 14년 동안 포르투갈 국왕의 왕관을 썼지만 탁월하지도 못했고 공적도 없었다. 그는 자기 침대에 누운 채 죽었고 왕국을 평온하게 자녀들에게 물려주었다.

리슐리외 추기경은 프랑스 왕국의 절대적 지배자였다. 국왕은 그를 신뢰하지 않았는데도 불구하고 왕국의 통치를 그에게 맡겼다. 추기경도 역시 국왕을 신뢰하지 않았다. 그래서 자신의 목숨이나 자유가 박탈될까 두려워서 국왕을 방문하기를 피했다. 그런데도 국왕은 자기가 총애하던 셍크 마르Cinq-Mars를 추기경의 복수심의 제물로 희생하여 그가 교수형을 당하는 데 동의했다. 그 후 추기경은 자기 침대에 누워 죽었고 유서를 통해 자신의 관직과 권한을 물려주었는데, 국왕이 자기를 극도로 의심하고 미워함에도 불구하고 생전에 한 것과 마찬가지로 사후에도 자신의 유언을 무조건 따르게 만들었다.

오를레앙의 안 마리 루이즈Anne-Marie-Louise d' Orleans는 유럽에서 가장 부유한 귀족이고 프랑스 국왕의 손녀이며 가장 큰 나라의 왕비로 예정되어 있었다. 그러나 그녀는 탐욕이 심하고 가혹하고 오만한 여자였다. 나이 45세 때 로정Lauzun 가문에 속하는 연하의 남자 퓌길랑Puyguilhem과 결혼하려고 한 것은 우리가 보기에 참으로 특이한 사건이었다. 퓌길랑은 잘 생긴 얼굴도 아니었고 지능도 평범한 남자였다. 그의 유일한 장점이라고는 대담하고 남의 환심을 잘 산다는 것뿐이었다. 그러나 우리를 더욱 놀라게 한 사실은 여자가 비굴한 정신으로, 그리고 퓌길랑이 국왕의 총애를 받고 있다는 이유만으로 이토록 얼토당토않은 결심을 했다는 것이다. 국왕의 총애를 받는 남자의 아내가 되고 싶다는 욕망이 열정을 압도해 버렸고, 그녀는 자신의 나이와 신분을 망각했으며, 사랑에 빠지지도 않았는데도 퓌길랑에게 접근했다. 심지어 신분이 낮은 젊은 여자의 경우마저도 진정한 사랑이 도저히 용납하지 못할 처사였다.

어느 날 그녀는 자기가 배필로 선택할 수 있는 남자는 단 한 명뿐이라고 퓌길랑에게 말했다. 퓌길랑은 그 남자의 이름을 가르쳐 달라고 졸랐다. 퓌길랑의 이름을 차마 말할 용기가 없어서 그녀는 유리창에 다이아몬드로 퓌길랑의 이름을 쓰려고 했다. 물론 퓌길랑은 그녀가 무엇을 하려는지 알고 있었기 때문에(아마도 그녀가 자신의 고백을 종이에 기록해주기를 바랐고 그 종이를 나중에 이용하려고 했기 때문에) 그녀의 마음에 들 열정적 배려를 하는 척했고, 창유리에 그녀의 감정을 새기면 영원히 남을 것이라고 하여 그렇게 하는 것을 꺼렸다. 그의 계획은 자기가 원하던 대로 성공했는데, 그 날 저녁 그녀는 '그 사람은 당신입니다.' 라고 종이에 썼던 것이다. 그녀는 종이를 봉투에 넣어 직접 봉했다. 그러나 그러한 모험은 목요일에 감행되었고 편지가 퓌길랑에게 전달되기 전에 시계가 자정을 알렸으며 그녀 자신도 퓌길랑보다 덜 세심하게 보이고 싶지 않았다. 그녀는 금요일이 불길하다고 염려해서 중대한 소식을 알려줄 그 편지의 개봉을 토요일까지 기다리겠다는 약속을 퓌길랑에게서 받아냈다.

이 선언이 초래할 엄청난 행운은 퓌길랑에게 자신의 야심보다 더 중요하게 보이지는 않았다. 그는 그녀의 사소한 변덕을 이용해서 자기의 이익을 차릴 궁리를 했다. 그래서 대담하게도 국왕에게 보고했다. 누구나 다 아는 바와 같이 아무리 우수한 자질을 구비한 군주라 해도 프랑스 국왕보다 더 자부심이 강하고 오만한 군주는 없었다. 그러나 프랑스 국왕은 퓌길랑의 당돌한 포부를 질책해서 모욕을 주기는커녕, 용납했을 뿐만 아니라 왕궁의 장교 4명을 퓌길랑에게 파견하여, 국왕의 동생이나 콩데 공작도 아직 전혀 모르고 있던 이 괴상한 결혼에 대한 동의를 요청하게 했다. 소문이 퍼져나가자 누구나 놀라고 분개했다. 그런데도 국왕은 자신의 영광과 위엄에 벗어나는 일을 했다고는 느끼지 않았고, 자기에게는 퓌길랑을 하루 만에 가장 높은 지위에 올려놓을 권한이 있다는 생각만 했다. 신분의 격차가 한없이 심한데도 불구하고 국왕은 퓌길랑이 연봉 50만 프랑을 받는 최고 지위의 왕족이 될 자격이 있다고 여겼다. 그러나 국왕이 가장 좋아한 것은 온 세상을 깜짝 놀라게 만드는 일, 그리고 자기가 총애하는 사람을 위해 아무도 예상하지 못했던 것을 해주는 일을 남몰래 즐기는 것이었다.

사흘만 지나면 퓌길랑은 그녀와 결혼하여 행운이 가져다 줄 모든 이익을 얻을 수 있게 되었다. 그러나 더욱 놀라운 것은 퓌길랑의 허영심이었다. 마치 그녀와 대등한 신분이라도 되듯이 성대한 결혼식을 올리지 않는 한 그의 허영심은 충족될 수가 없었던 것이다. 그는 국왕과 왕비가 결혼식에 참석하기를 바랐다. 그리고 국왕의 참석에 어울리는 극도로 화려한 결혼식이 되기를 바랐다.

전례 없는 이 오만 때문에 그는 모든 돈과 시간을 허황된 준비와 마무리 절차를 위해 바쳤다. 마담 드 몽테스팡Madame de Montespan은 퓌길랑을 미워는 했지만 국왕의 뜻을 존중하여 그 결혼에 반대하지는 않았다.

그러나 세상 사람들의 뒷공론이 마담 드 몽테스팡의 눈을 뜨게 만들었다. 그녀는 국왕 홀로 여태껏 보지 못하던 것을 국왕에게 보여주었다. 그리고 국왕이 백성들의 소리에 귀를 기울이게 했다. 국왕은 외국 대사들이 경악한다는 사실을 인정했고, 미망인 공작부인과 왕족 전체의 점잖은 불평과 항의를 받아들였다. 이 모든 분규는 국왕으로 하여금 오랫동안 망설이게 만들었다. 국왕은 결국 가장 괴로운 일이기는 하지만, 퓌길랑에게 자기가 그 결혼을 공개적으로 승인할 수는 없다고 통고했다.

그러나 외형상의 변화 때문에 실제로 변경된 것은 아무것도 없다고 안심시켰다. 자기는 본의 아니게 여론을 존중하지 않을 수가 없고 그래서 그 결혼을 금지하지만 퓌길랑의 행복을 방해할 생각은 조금도 없다고 말했다. 국왕은 퓌길랑에게 비밀리에 결혼하라고 촉구했다. 또한 비밀결혼에 불가피하게 따르는 불명예는 겨우 일주일밖에는 지속되지 않을 것이라고 약속했다.

국왕의 말에 대해 속으로 어떻게 생각했든지 간에 퓌길랑은 국왕이 허락했던 결혼에 대한 모든 희망을 기꺼이 포기하겠다고 대답했다. 결혼을 강행하면 자신의 명예가 손상될 지도 모른다는 이유였다. 또한 아무리 많은 행운을 얻는다 해도 일주일 동안의 불명예는 견딜 수 없는 것이라고도 말했다.

국왕은 그의 이러한 복종에 깊은 감명을 받았다. 그래서 뤼길랑이 그녀의 나약함을 이용하여 이익을 취하는 데 최대한으로 지원했다. 반면, 뤼길랑은 자신이 얼마나 많은 희생을 하는지 국왕에게 보여주기 위해 극도로 애썼다. 그러나 그는 공평무사한 태도를 취하겠다는 이유만으로 그렇게 행동한 것은 아니다. 그렇게 해야 국왕의 총애를 영구히 확보할 수 있고 앞으로 국왕의 총애를 감소시킬 수 있는 것이 전혀 없을 것이라고 생각했던 것이다.

그는 허영과 변덕 때문에 그토록 거창하고 또한 신분의 차이가 너무나도 현저한 결혼을 심지어 용납할 수 없는 것이라고도 여겼다. 왜냐하면 자신이 계획했던 대로 화려하고 멋진 결혼식의 거행이 금지되었기 때문이다. 그러나 결혼을 포기하게 만든 가장 중요한 이유는 그녀 자신에 대한 확고한 혐오감, 그리고 그녀의 남편이 되기 싫다는 감정이었다. 심지어 그는 그녀의 격분으로부터도 상당한 이득을 얻기를 바랐다. 자기와 결혼하지 않는다 해도 그녀가 자기에게 동브Dombes 지방에 대한 지배권과 몽팡시에 Montpensier 공작 영토를 넘겨줄 것이라고 기대했던 것이다. 그러한 기대 때문에 그는 국왕이 자기에게 부여하려 했던 총애의 모든 혜택을 처음에는 거절했다. 그러나 그녀의 인색하고 변덕스러운 기질 때문에, 또한 그토록 거대한 영토를 그에게 넘겨주기가 곤란했기 때문에 그의 희망은 물거품이 되었다. 따라서 그는 국왕의 총애의 혜택을 받아들여야 했다.

국왕은 그를 베리Berry 총독으로 임명하고 연봉 50만 파운드를 주었다. 이것은 대단한 혜택이었지만 퀴길랑이 기대했던 것에는 여전히 미치지 못했다. 그의 실망은 그의 적들, 특히 마담 몽테스팡에게 그를 파멸시키기 위해 기다리던 모든 구실을 제공했다. 그는 자신의 지위가 저하되는 것을 알았다. 그러나 부드럽고 참을성 있고 현명한 태도로 국왕 앞에서 처신하여 자기 지위를 열심히 방어하지 않았다. 오히려 오만하고 남을 원망하는 태도를 거침없이 보여주었다. 심지어 국왕마저 비난하기 시작했다. 국왕에게 무례하고 신랄한 말을 하는가 하면, 국왕 앞에서 자기 칼을 부러뜨리고는 앞으로 칼을 빼어 국왕을 더 이상 섬기지 않겠다고 말하기조차 했다.

그는 마담 몽테스팡을 경멸하는 말도 했고, 마담에게 매우 난폭하게 화를 냈기 때문에 마담은 자기 자신의 안전을 우려하기 시작했다. 그 후 그를 파멸시킬 기회만 노렸다. 얼마 지나지 않아 그는 체포되어 피니에롤Pignerol 감옥에 갇혔는데, 장기간의 가혹한 감옥 생활을 하는 동안, 국왕의 총애를 잃은 데 대한 비탄에 잠기는가 하면, 국왕의 관대함과 그녀의 천박함이 자기에게 제공했던 모든 영광과 이익을 자신의 헛된 허영심 때문에 놓쳐버린 데 대해 한없이 슬퍼했다.

브라간사 공작의 아들이자 포르투갈 국왕인 알폰소Alfonso 4세는 느무르Nemours 공작의 젊지만 재산도 강력한 후원자도 없는 딸과 프랑스에서 결혼했다. 머지않아 그녀는 국왕인 자기 남편을 제거할 음모를 꾸몄다. 그녀는 국왕을 리스본에서 체포했다. 어제는 국왕을 호위하던 군대가 오늘은 죄수인 그를 감시하는 군대가 되었다. 국왕은 자기 왕국 안의 한 섬에 유폐되었고 자기 목숨과 국왕의 칭호는 유지하도록 허락되었다. 국왕의 동생인 포르투갈 공이 왕비와 결혼했다. 그녀는 왕비의 지위를 보존했고 자기 남편에게 통치의 전권을 행사하도록 했지만 국왕의 칭호만은 주지 않았다. 스페인과 우호관계에 있었고 내전도 없었기 때문에 그녀는 참으로 비상한 음모의 결실을 마음껏 누렸다.

야채장사 마사니엘로Masaniello는 얼마 안 되는 나폴리 주민들을 선동하여 반란을 일으켰고, 스페인사람들의 세력에도 불구하고 왕권을 찬탈했다. 그는 군주로서 자기 의심을 받는 모든 사람의 목숨, 자유, 재산을 마음대로 처분했다. 세관을 장악했고, 세관원들의 모든 돈과 재산을 몰수한 다음, 그 엄청난 재물을 도시 한가운데에서 공개적으로 불태웠다. 반란을 일으킨 무질서한 군중 가운데 단 한 명도 부정축재의 결과라고 여긴 그 재물에 손을 대려고 하지 않았다. 이 놀라운 일은 고작 2주일밖에 지속되지 못했고, 한층 더 놀라운 일로 끝이 났다. 엄청난 행운과 영광과 지도력

속에 위대한 일을 성취했던 마사니엘로는 갑자기 제 정신을 잃고 미쳐서 24시간 내에 죽었던 것이다.

스웨덴 여왕은 젊지만 경건하지는 않았다. 국내도 평온했고 이웃 나라들과도 우호관계를 유지했다. 국민들로부터는 사랑을 받았고 외국인들로부터는 존경을 받았다. 그런데 자발적으로 자기 왕국을 떠나서 은퇴하여 사생활을 시작했다. 스웨덴 여왕과 마찬가지로 동일한 왕가에 속한 폴란드 국왕도 자진해서 퇴위했는데, 단 한 가지 이유는 왕 노릇 하기에 싫증이 났기 때문이었다.

이름도 명성도 없던 어느 보병 대위가 나이 45세가 되었을 때 영국에서 발생한 소요사태 때 사람들의 주목을 받기 시작했다. 그는 선량하고 공정하고 부드럽고 용감하고 관후한 합법적 국왕을 타도하고는 의회가 제정한 법에 따라 국왕의 목을 베었다. 그는 왕국을 공화국으로 만들었고 10년 동안 영국의 지배자가 되었다. 이웃나라들은 영국을 다스렸던 그 어느 왕보다도 그를 더 두려워했고, 그는 국내에서 그 어느 왕보다도 더 절대적인 권력을 휘둘렀다. 또한 왕국의 모든 통치권을 완전히 장악한 채 평온하게 죽었다.

네덜란드 사람들은 스페인 통치의 멍에에서 벗어났고 강력한 공화국을 건설했다. 그리고 자유를 보존하기 위해 자신들의 합법적인 국왕을 상대로 100년 동안 전쟁을 계속했다. 그들이 거둔 이 모든 위대한 성과는 오랑예Orange 공의 지도력과 용기 덕분이었다. 그럼에도 네덜란드 사람들은 그의 야심을 항상 불신했고, 그의 권한을 항상 제한했다. 오늘날 이 공화국은 그 권력의 유지에 급급하여, 현재의 오랑예 공이 전투 경험도 없고 승전한 적도 없는데도 불구하고, 과거에 그의 조상들에게 거절했던 것을 그에게 허용하고 있다. 이 공화국은 그의 불운을 만회하는 것만으로는 만족하지 못해 그를 홀란드 국왕으로 만들려고 한다. 국민의 자유를 단독으로 보호하고 있던 사람을 찢어죽이도록 그가 사람들을 선동하게 만들었다.

그토록 막강했고, 세상의 모든 왕들이 두려워했던 스페인의 세력이 오늘날에는 스페인을 거슬러 반란을 일으킨 주민들의 지원을 받고 네덜란드의 보호로 유지된다.

젊고 나약하고 단순한 황제는 오스트리아 왕가의 행운이 바닥으로 추락하는 동안 무능한 대신들에게 휘둘렸지만 이제는 독일의 모든 군주들을 능가하는 최고지배자가 되었다. 군주들은 그의 권위를 두려워하지만 황제 자신은 경멸한다. 그는 과거에 카를로스Carlos 5세가 휘두른 것보다 더 절제적인 권력을 휘두른다.

나약하고 게으르고 쾌락에 탐닉하는 영국 국왕은 영국의 이익과 왕가의 전례들을 무시한 채 6년 동안 국민의 격분과 의회의 증오에 단호하게 맞섰다. 그것은 프랑스 국왕과 긴밀한 관계를 유지하기 위한 것이었다. 프랑스 국왕의 네덜란드 정복을 막기는커녕 자기 군대를 보내서 지원하기조차 했다. 이 약속 때문에 그는 영국에서 절대 권력을 확보하지 못했고, 플랑드르와 네덜란드의 도시들과 항구들을 언제나 사양했기 때문에 영국의 국경선을 그 지역으로 넓히지 못했다.

그러나 프랑스 국왕으로부터 막대한 금액의 돈을 받고 있을 때, 그리고 자기 백성을 상대로 싸우기 위해 프랑스 국왕의 지원이 가장 절실히 필요할 때 그는 아무런 구실도 내세우지 않은 채 자신의 모든 의무를 파기했다. 약속을 지키는 것이 자기에게 가장 유익하고 가장 명예로울 바로 그 때 프랑스에 대한 반대를 천명했던 것이다. 그는 성급하고 잘못 결정된 정책 때문에 6년 동안의 정책에서 얻을 수 있었던 모든 이익을 순식간에 잃었다. 또한 중재자로서 평화조약의 체결을 유도할 수 있는 입장에 있었음에도 불구하고 그는 프랑스 국왕이 스페인, 독일, 네덜란드에 평화를 허용할 때 거지처럼 평화를 구걸하는 위치로 전락하고 말았다.

영국 국왕은 자신의 조카딸인 요크 공작의 딸을 오랑에 공과 결혼시키자는 제안에 대해 흥미를 느끼지 못했다. 요크 공작도 자기 형인 국왕과 마찬가지로 그 제안에 대해 매우 냉담했다. 심지어 오랑에 공마저도 그 제안에 따르는 여러 가지 난관 때문에 주저하게 되었고, 그것이 성사되리라고는 더 이상 생각하지 않았다.

영국 국왕은 프랑스 국왕과 매우 긴밀한 관계에 있었기 때문에 프랑스 국왕의 정복을 승인했다. 그러나 영국의 재무대신은 개인적 이해관계 때문에, 그리고 의회의 반대에 대한 두려움 때문에 자기 지위를 강화하는 방향으로 나아갔다. 즉, 오랑예 공을 요크 공작의 딸과 결혼시켜 그와 동맹을 맺고, 네덜란드를 보호하기 위해 프랑스의 네덜란드 정복을 반대하도록 영국 국왕을 부추긴 것이다.

영국 국왕의 이러한 태도 변화는 매우 갑자기 일어났고 또 너무나도 은밀한 것이었기 때문에 요크 공작 자신도 자기 딸이 결혼하기 이틀 전까지 전혀 모르고 있었다. 더욱이 프랑스와 공고한 유대를 유지하기 위해 10년 동안 자신의 목숨과 왕위의 위험을 무릅써왔던 영국 국왕이 순식간에 자신의 모든 희망을 포기하고는 자기 밑의 대신의 감정을 추종하리라고는 아무도 확신하지 못했다.

오랑예 공으로서는 언젠가 자신이 영국 국왕이 될지도 모르는 때를 대비하여 안전한 길을 확보하는데 개인적으로 관심이 지대했다. 그러나 그 결혼으로 영국 왕위의 추정상속인이 된다 해도 그는 그 결혼을 소홀하게 취급했다. 그는 최근 여러 전투에서 승리를 거두지 못했음에도 불구하고 네덜란드에서 자신의 권한을 강화하는 일에만 몰두했다. 그는 제일란트Zeeland 주에서는 자신이 절대 권력을 장악했다고 생각했는데 네덜란드의 다른 여러 주에서도 역시 절대 권력을 장악하려고 애썼다.

그러나 다른 조치들을 취할 필요가 있다는 것을 곧 깨달았다. 그런데 그때 엉뚱한 일이 벌어져서 네덜란드 내에서 자신의 위치를 한층 더 명확하게 직시하였다. 공지사항을 알리는 어떤 관리가 많은 사람들 앞에서 물건들을 경매하고 있었는데, 이때 커다란 지도책을 경매에 붙였다. 그는 아무도 관심을 보이지 않자 그 지도책이 사람들이 생각하는 것보다 더 값진 것이라고 말했다. 책에 실린 지도들은 너무나도 정확하여 오랑예 공도 모르는 강물줄기가 사실대로 그려져 있으며, 오랑예 공은 그것을 몰라서 카셀Cassel 전투에서 패했다고 덧붙였다. 거기 모인 모든 사람들의 박수갈채를 받은 이 사소한 농담은 오랑예 공이 영국과 동맹을 다시 추구하도록 만든 가장 강력한 동기들 가운데 하나였다. 영국과 동맹을 맺어 네덜란드를 자기 손으로 장악하고 수많은 외국 세력을 규합하여 프랑스에 대항하려는 것이었다.

그러나 이 결혼을 원하는 사람들도 반대하는 사람들도 자기 자신의 이해관계를 모르고 있었다. 영국의 재무대신은 국왕이 자기 조카딸을 오랑예 공에게 주고 프랑스에 대한 반대를 선포하도록 부추겨서 의회의 환심을 사고 의회의 반대로부터 자기 자신을 보호하려고 했다. 영국 국왕은 오랑예 공의 지원을 받으면 영국 내에서 자신의 권한이 강화된다고 생각했고, 그래서 프랑스 국왕을 상대로 전쟁을 준비하고 프랑스 국왕에게 평화를 강요하려고 한다는 구실 아래 자신의 유흥비로 쓸 돈을 국민들에게서 걷어내려고 애썼다. 오랑예 공은 네덜란드를 완전히 장악하기 위해 영국의 보호를 이용할 작정이었다. 프랑스는 자기 이익에 그토록 해로운 그 결혼 때문에 영국이 프랑스의 적국들과 손을 잡아 세력 균형이 무너질까 우려했다.

이러한 모든 추측이 얼마나 잘못된 것인지는 결혼이 성사된 지 6주간 이내에 드러났다. 이 결혼은 영국과 네덜란드 사이에 지속적인 불신을 낳았다. 양국은 이 결혼이 자신의 자유를 억압하기 위한 계획이라고 보았다. 영국 의회는 국왕의 대신들을 공격하여 국왕 자신에 대한 공격의 길을 열었다. 전쟁에 지치고 자유를 유지하는데 급급했던 네덜란드의 여러 주들은 영국 왕위의 추정상속인인 야심 찬 젊은이에게 자기들의 권한을 넘겨준 것을 후회했다. 이 결혼이 자기를 해치는 새로운 동맹이라고 처음에 보았던 프랑스 국왕은 자기 적들 사이에 분열의 씨를 뿌리고 플랑드르 지방을 차지할 위치에 서기 위해 그것을 이용할 수 있게 되었다. 물론 그는 새로운 정복의 영광보다는 평화 수립의 영광을 선호했다.

현재 우리 시대가 과거에 비해 비상한 사건들을 더 적게 발생시키지는 않는다 해도, 예외적인 범죄들을 훨씬 더 많이 발생시킨다는 점은 우리가 분명히 인정해야만 한다. 프랑스는 이러한 범죄들을 항상 미워했고, 국민적 기질과 종교 때문에 반대했으며, 국왕의 모범이 프랑스를 지원해주었다. 그러나 오늘날에는 프랑스 자체가 역사와 전설이 우리에게 알려준 고대의 모든 범죄가 자행되고 있는 무대가 된다. 어느 시대에나 악덕들은 존재한다. 사람들은 이기심, 잔인성, 방탕의 기질을 타고난다. 그러나 우리 모두에게 알려진 사람들이 과거의 시대에 나타났더라면, 오늘날 우리가 헬리오가발루스Heliogabalus의 방탕, 그리스인들의 사기, 메데아Medea의 독살과 부모살해에 대해 말할 것인가?

- **마리 데 메디치 Marie de Medici(1573~1642)** : 프랑스 국왕 앙리 4세의 두 번째 왕비. 그녀가 낳은 네 자녀는 프랑스 국왕 루이 13세, 오를레앙 공작 가스통, 스페인 국왕 필립 4세의 왕비 엘리자베스, 영국 국왕 찰스 1세의 왕비 앙리에타 마리아 Henrietta Maria이다. 앙리 4세가 1610년에 암살되자 그녀는 실질적으로 프랑스를 통치했다. 그러나 아들 루이 13세가 점차 실권을 장악했고, 종전에 자기를 보좌하던 리슐리외가 1624년부터 루이 13세를 보좌하여 자기에게 적대하자 그녀는 1631년에 브뤼셀로 달아나 망명하여 여생을 보냈다.
- **앙쥬 드 주와외즈 Ange de Joyeuse** : 원래 성명은 Henri de Joyeuse(1567~1608)인데 1587년에 수도자가 되어 앙쥬 신부라는 명칭을 사용했다. 그러나 1592년에 공작 영지를 상속받아 수도원을 떠났다. 1596년까지 앙리 4세에 대항해서 싸웠고, 1599년에 수도원에 돌아갔다. 맨발로 로마를 향해 순례 여행을 떠나 도중에 죽었다.
- **카푸치노 Cappuccino 수도회** : 프란체스코 수도회의 일파로 그 수도자들은 두건이 달린 수도복을 입었다.
- **포르투갈의 반란** : 1640년에 발생하여 포르투갈이 스페인으로부터 독립했다.

- **리슐리외 Armand de Richelieu 추기경(1583~1642)** : 1624년부터 죽을 때까지 루이 13세의 수상으로서 프랑스에서 가장 권력이 강한 인물이었다. 생크마르 후작(1620~1642)은 리슐리외의 보호를 받았다. 1639년에는 국왕의 총애를 받았는데 리슐리외의 목숨을 노리는 음모가 실패하여 처형되었다.
- **오를레앙의 안 마리 루이즈 Anne-Marie-Louise d'Orleans(1627~93)** : 프랑스 국왕 앙리 4세의 손녀이며 몽팡시에 Montpensier 공작부인이었다. 그녀는 퓌길랑과 1670년 12월 20일 결혼할 예정이었지만, 루이 14세는 12월 19일에 그 결혼을 금지했다. 퓌길랑은 1671년 11월에 체포되었고, 소위 '철가면의 사내'를 포함한 주요 정치범들의 감옥에 갇혔다가 라로슈푸코의 사후인 1681년에 석방되었다.
- **마담 드 몽테스팡 Madame de Montespan** : 루이 14세의 총애를 받던 궁중 여인이었다.
- **알폰소 Alfonso 4세(1643~83)** : 사보이의 마리 프랑수와즈 Marie-Francoise와 1666년에 결혼했지만 다음 해에 아소레스 Azores로 유배되었다. 마리 프랑수와즈는 그의 동생 페드로(훗날 페드로 2세)와 결혼했다.
- **마사니엘로 Masaniello** : 어부 토마소 아니엘로 Tomaso Aniello를 가리킨다. 그는 과일에 대한 새로운 세금부과에 반대하는 폭동을 나폴리에서 일으켜 성공했다. 그의 정신이상은 독약 때문일 가능성이 크다. 1647년에 암살되었다.
- **스웨덴 여왕** : 크리스티나 Christina(1626~1689) 여왕은 1654년에 퇴위한 후 유배생활을 했다. 라로슈푸코는 그녀와 개인적으로 친분이 있었다.
- **폴란드 국왕** : 얀 카시미에르츠 Jan Kazimierz(1609~1672)는 왕비가 죽은 뒤 1668년에 퇴위하여 프랑스에 있는 수도원에 들어갔다.
- **어느 보병 대위**: 올리버 크롬웰 Oliver Cromwell(1599~1658)는 찰스 1세(1600~1649)에 대항하는 의회 군대를 지휘하였고, 1646년부터 영국을 통치했다.
- **스페인 통치** : 스페인의 네덜란드 통치는 1579년에 끝났다.
- **현재의 오랑예 공** : 네덜란드의 빌렘 Willem 3세(1650~1702)를 가리킨다. 그는 훗날 영국의 윌리엄 3세가 되었다. 오랑예 가문의 권한을 제한하려고 애쓰던 정치가 얀 드 비트 Jan de Witt(1625~1672)는 오랑예 공을 지지하는 폭도들에게 살해되었다. 오랑예 공이 지휘하는 군대는 프랑스 군대에게 여러 번 패했다.
- **네덜란드의 보호** : 1672년부터 1678년 사이에 네덜란드 군대는 스페인을 도와 프랑스

군대에게 가장 강력하게 대항했다.
- **젊고 나약하고 단순한 황제**: 신성로마황제 레오폴드 Leopold 1세 (1640~1705)로 오랫동안 프랑스의 루이 14세의 적이었다.
- **영국 국왕**: 찰스 2세(1630~1685)는 루이 14세와 1670년에 비밀동맹을 맺었지만 의회의 압력으로 1674년에 네덜란드와 화평을 이루고, 1677년에 프랑스와 비밀동맹을 파기했다.
- **조카딸**: 메리 (1662~1694, 훗날 영국의 메리 2세)는 1677년에 오랑예 공과 결혼했다.
- **재무대신**: 댄비 Danby 백작 오스본 Thomas Osborne(1631~1712, 훗날 리즈 Leeds 공작)을 가리킨다.
- **헬리오가발루스 Heliogabalus**: 222년에 죽은 로마 황제인데, 생전에 이미 방탕하기로 유명했다.
- **그리스인들의 사기**: 베르길리우스 등 로마인들의 저술에서 유래한다.
- **메데아 Medea**: 에우리피데스 Euripides, 세네카 Seneca 등의 비극에 등장하는 여자 마술사 메데아는 자기 자녀들을 살해했고, 자기 애인의 새 신부를 독살했다.

#20 마담 몽테스팡

디안느 드 로슈슈아르Diane de Rochechouart는 모르트마르Mortemart 공작의 딸이며 몽테스팡Montespan 자작의 아내이다. 그녀의 미모는 놀라울 정도로 아름답고, 지능과 대화술은 미모보다 한층 더 매력적이다. 그녀는 국왕 루이 14세가 사랑하던 여인 라 발리에르Louise de la Valliere를 밀어내고 국왕의 총애를 차지할 계획을 세웠다. 국왕은 오랫동안 이러한 정복계획을 거들떠보지도 않았고 오히려 야유마저 던졌다.

2년이나 3년이 지나도록 별다른 성과는 거두지 못했다. 다만 왕비를 특히 가까이 모시는 궁중 여인이 되고, 국왕과 라 발리에르와 매우 친밀하게 지내는 사이가 된 것뿐이었다. 그러나 좌절하지 않았다. 자신의 미모와 지능, 그리고 왕비의 내전 시녀인 마담 몽토지에Madame de Montausier의 지원을 철저히 확신했기 때문에 결과에 대해 아무런 의심도 하지 않은 채 계획을 추진했다. 세월과 그녀의 매력이 국왕과 라 발리에르 사이를 갈라놓았다. 그녀는 국왕의 애인으로 공인되었다.

그러한 불운을 당한 몽테스팡 자작은 질투심에 사로잡힌 모든 남편의 경우와 마찬가지로 격분했다. 아내에게 격심하게 분통을 터

뜨렸다. 자기 아내를 그러한 수치로 끌어들인 마담 몽토지에를 공개적으로 질책했다. 그의 비탄과 절망은 너무나도 심한 소동을 일으켰기 때문에 그는 자유를 보존하기 위해 프랑스를 떠나도록 강요받았다.

그 후 마담 몽테스팡은 자기가 원하는 무엇이든지 얻을 수 있었고 그녀의 영향력은 미치지 않는 곳이 없었다. 국왕의 모든 궁전에 그녀의 거실들이 마련되었고 그녀 앞에서 비밀회의들이 열렸다. 궁정의 다른 모든 사람들과 마찬가지로 왕비도 묵인했다. 왕비는 국왕의 공공연한 연애관계를 더 이상 무시하지도 못했을 뿐만 아니라 감히 불평도 하지 못한 채 그 결과를 목격해야만 했다. 국왕이 왕비에게 우정이나 친절의 표시를 할 때마다 그것은 마담 몽테스팡의 덕분이었다.

마담 몽테스팡은 그 이상의 것을 원했다. 라 발리에르가 자신의 승리를 직접 목격하게 만드는 것, 그리고 모든 공적, 사적 연회 석상에 그녀가 자기 곁에서 참석하도록 하는 것, 그것을 원했다. 또한 자기가 낳는 아이들의 출생 시기를 하녀들도 모르고 있을 때 라 발리에르에게는 비밀리에 알려주었다. 라 발리에르는 고통을 겪으면서도 존경의 태도를 유지했지만 마담 몽테스팡은 그녀를 곁에 두는 것에 대해 결국 싫증이 났다. 단순하고 남의 말을 쉽게 믿는 라 발리에르는 카르멜 수녀원에 들어가는 처지로 전락했다. 그것은 신앙심 때문이 아니라 그녀의 나약함의 결과였다. 그녀가 속세를 버린 것은 체면을 차리려고 한 것에 불과하다고 말할 수 있다.

- **마담 몽테스팡 Francoise-Athenais de Rochechouart(1640~1707)** : 그녀는 1663년에 몽테스팡 자작과 결혼했다. 루이 14세의 애인 라 발리에르 Louise de la Valliere(1644~1710)를 점차 밀어내고 1667년부터 국왕의 총애를 독차지했다.
- **디안느** : 이것은 저자의 실수다. 디안느는 마담 몽테스팡의 어머니, 즉 모르트마르 공작부인의 이름이다.
- **자기가 낳는 아이들** : 마담 몽테스팡은 1669년부터 1678년까지 루이 14세의 자녀들을 적어도 7명 낳았다.
- **마담 몽토지에** : 쥘리 당젠느 Julie d'Angennes(1607~1671)는 1664년에 왕비의 시녀가 되었다.
- **카르멜 수녀원** : 라 발리에르는 1675년에 카르멜 수녀원에 들어갔다.

#21 레츠 추기경

폴 드 공디Paul de Gondi, 즉 레츠 추기경Cardinal de Retz은 능력이 매우 탁월하고 상당히 총명한 인물이지만, 참으로 위대한 용기를 지녔다기보다는 과시하기를 더 좋아하는 편이다. 그의 기억력은 비상하다. 그의 말은 세련된 것이라기보다 힘찬 것이다. 그의 기질은 유순하다. 친구들의 불평과 비난을 참고 견딜 만큼 온순하고 나약하다. 경건한 신앙심은 없고 겉으로만 약간 경건한 척한다. 야심이 없으면서도 야심가처럼 보인다. 허영심 때문에, 그리고 자기를 잘못 인도한 사람들 때문에 그는 거창한 일들을 감행했는데 대부분 자기의 주장과 상반되는 것이었다. 그는 프랑스에서 가장 큰 소동을 일으켰지만 그것을 이용할 구체적인 계획도 없었다. 마자랑Mazarin 추기경의 자리를 차지하기 위해 그를 자신의 적이라고 선언하기는커녕, 마자랑의 무서운 적으로 사람들에게 보이기를 바라고 그를 적대한다는 헛된 허영심으로 만족하려고 했을 뿐이다.

그러나 그는 공개적인 불운을 교묘하게 이용하여 추기경이 되었다. 감옥생활을 단호한 의지로 견디어냈고 순전히 대담성 덕분에 자유의 몸이 되었다. 여러 해 동안 방랑하고 세간의 눈을 피해서 사는 동안 약간의 영예를 유지한 것은 게으름 덕분이었다.
마자랑 추기경의 권력에도 불구하고 그는 파리 대주교의 지위를 계속 보유했다. 그러나 대신인 마자랑이 죽은 뒤에는 파리 대주교의 지위를 사직했다. 그는 자기가 무슨 일을 하는지도 몰랐고 자기 자신이나 친구들의 이익을 위해 마자랑의 죽음을 이용할 줄도 몰랐다. 그는 교황선거에 여러 번 참석했고 그의 행동은 언제나 그의 명성을 높였다.

그는 선천적으로 게으르다. 일이 급할 때는 활발하게 일하지만, 일이 끝나면 아무런 관심도 없이 쉬기만 한다. 그는 상당한 통찰력이 있다. 행운이 제공하는 호기는 무엇이나 다 자기에게 유리하게 만들 수가 있어서 마치 그가 그것을 예견하고 바란 것처럼 보이기조차 한다.

그는 이야기를 늘어놓기를 좋아한다. 상대방이 누구이든 가리지 않은 채 기상천외한 모험담으로 모든 상대방을 놀라게 만들려고 한다. 그럴 때는 그의 기억력보다는 상상력이 더 강한 힘을 발휘한다.

대부분 그의 장점들은 가짜다. 그의 명성에 가장 크게 기여한 것은 그가 자신의 결점들을 자기에게 유리하게 드러내 보일 줄 알았다는 사실이다. 증오나 우정에 대해 관심이 있는 듯이 보이려고 아무리 열심히 애썼다 해도 그는 증오에 대해서도 우정에 대해서도 무관심하다. 미덕의 덕분이든 무관심의 덕분이든 그는 질투나 탐욕을 부릴 능력이 없었다.

그는 일반 개인의 상환능력을 훨씬 초월하여 친구들로부터 돈을 빌렸다. 그러나 그토록 거액의 부채를 지고 또 그것을 갚는 것에 대해 허영심의 만족을 느꼈다. 그는 취향도 세련미도 없다. 모든 것을 재미있다고 여겼지만 아무것도 즐기지 않았다. 그는 모든 것에 대한 자신의 지식이 보잘것없는 것에 불과하다는 사실을 아무도 깨닫지 못하게 만드는 재주가 있다.

그의 최근의 은퇴는 평생에 가장 찬란하고 가장 거짓된 행동이다. 헌신으로 위장하여 자신의 오만에 바친 제물인 것이다. 그는 궁정에서 아무런 지위도 얻을 수 없기 때문에 궁정을 떠났고, 세상이 자기에게 등을 돌리기 때문에 자기도 세상에게 등을 돌리는 것이다.

- **레츠 추기경** : Jean-Francois Paul de Gondi(1614~1679)는 1651년에 레츠 추기경이 되었다. 그는 프롱드 Fronde 내전 때 마자랭과 콩데 양쪽에 반대하면서 적극적인 역할을 수행했다. 라 로슈푸코는 그와 절친한 사이도 아니었고, 1651년 8월 21일의 대결에서는 그를 거의 죽일 뻔했다. 레츠 추기경은 1675년에 이 글을 읽고는 라 로슈푸코를 비난하는 글을 써서 보복했다.
- **마자랭** : Jules Cardinal Mazarin(1602~1661)은 1642년부터 죽을 때까지 루이 14세의 수상이었다.
- **대담성** : 레츠는 마자랭에 대한 반대 때문에 1652년에 방센느 Vincennes 감옥에 갇혔

다가 2년 뒤에 탈옥했다.
- **파리 대주교** : 레츠는 1654년에 파리 대주교가 되었고, 1662년에 사직했다.
- **교황선거** : 레츠는 1655년부터 1676년까지 교황선거에 네 번 참석했다.
- **최근의 은퇴** : 라 로슈푸코가 글을 쓰던 당시, 레츠는 추기경 직책을 사임하고 수도원에 들어가려고 했지만 교황이 반대했다.

#22 리슐리외 추기경의 생애 초기단계

훗날 리슐리외 추기경이 된 뤼송Lucon 주교는 앙크르 원수Marechal d'Ancre의 이익을 헌신적으로 지지했으며 전쟁 선포를 원수에게 권유했다. 그러나 안건이 각의에 올라갔을 때 리슐리외는 그것에 반대한다는 입장을 밝혔다. 왜냐하면 평화가 자기 계획에 유리하다고 생각한 네베르Nevers 주교는 리슐리외가 각의를 평화 쪽으로 유도한다면 요셉 신부가 자선 수도원을 그에게 넘겨줄 것이라고 제의했기 때문이다. 이러한 태도 표변에 놀란 원수는 리슐리외가 한 가지 입장에서 정반대의 입장으로 그토록 빨리 옮아가는 것을 보고 경악했다고 신랄한 어조로 말했다. 이에 대해 리슐리외는 새로운 내용에는 새로운 권고가 필요하다고 대꾸했다.

그러나 리슐리외는 자신이 앙크르 원수의 반감을 샀다는 사실을 깨달았다. 따라서 원수를 파멸시킬 방도를 찾기로 작정했다. 어느 날 데아장Deageant이 리슐리외에게 가서 몇 통의 편지에 서명해 달라고 말했다. 리슐리외는 뤼인느Luynes 공작에게 중대한 용건이 있으니까 공작이 자기를 찾아오도록 말을 전하라고 지시했다. 다음 날 뤼공작이 리슐리외를 만났다. 리슐리외는 앙크르 원수가 자기를 파멸시키기로 작정했고, 그래서 이토록 강력한 적에게 박살나는 것을 피하는 유일한 길은 그를 미리 제거하는 것이라고 말했다.

이미 앙크르 원수를 제거하려고 결심했던 공작이지만 리슐리외의 말을 듣고 놀랐다. 앙크르 원수의 측근 가운데 하나인 리슐리외의 말이 자기를 함정에 빠뜨려서 속셈을 실토하게 만들려는 음모일지도 모른다고 여겼다. 그러나 리슐리외는 국왕을 위하여 그토록 열성적으로 보이는가 하면, 앙크르 원수를 프랑스 왕국의 가장 큰 적이라고 부르면서 제거할 확고한 결심을 보였기 때문에, 공작은 그의 말이 진실하다고 확신했다. 그래서 자기 자신의 계획을 밝히고 앙크르 원수를 죽일 음모의 상세를 설명하고 싶은 마음도 생겼지만 자제했다.

한편 공작은 데아장에게 리슐리외의 말을 전해주었고, 리슐리외에게 자기들의 비밀을 털어놓자고 말했다. 그러나 데아장은 철저히 반대했다. 리슐리외에게 그토록 중대한 비밀을 알린다면, 그것은 리슐리외가 앙크르 원수와 화해하고 한층 더 유대를 공고히 할 확실한 수단을 제공하는 것이며 공작 자신만 희생될 뿐이라고 지적했다.

결과적으로 그 음모는 실행되었고, 리슐리외도 모르에 앙크르 원수는 살해되었다. 그러나 공작에게 한 권고와 앙크르 원수에 대해 표명했던 증오 때문에 리슐리외는 국왕의 총애를 유지했다. 국왕은 리슐리외에게 각의에 계속 참석하여 국무장관의 통상적

임무를 수행하라고 명령했다. 따라서 그는 자기를 승진시켜준 앙크르 원수의 파멸 때문에 행운의 손상을 받지도 않았고 얼마 동안 더 궁정에 머물러 있었다.

그러나 리슐리외는 공작에 대한 취했던 것과 마찬가지의 태도를 늙은 대신들에게는 취하지 않았다. 그래서 빌러루아Villeroy와 장낭Jeannin 의장은 리슐리외가 얼마나 교활하게 일을 처리하는 줄 알았기 때문에 공작을 찾아가서 리슐리외가 앙크르 원수에게 바친 충성 그 이상은 기대하지 말 것과 수단과 방법을 가리지 않고 자기 이익만 차리는 위험한 인물로서 거리를 둘 것을 충고했다. 그 결과 공작은 리슐리외에게 아비뇽으로 물러가라고 명령했다. 그러나 황태후가 블루아Blois에 갔고, 모든 희망의 상실을 도저히 견딜 수 없었던 리슐리외는 공작과 다시 긴밀한 관계를 맺으려고 애썼다. 그래서 자기가 황태후를 모신다면, 공작이 싫어하는 사람을 모조리 그녀가 배제하도록 자신의 영향력을 발휘할 것이며 공작의 모든 지시를 충실히 실행하겠다고 약속했다. 그의 제의를 공작은 받아들였다. 리슐리외는 총애를 회복했고 퐁드세Pont-de-Ce 사태를 처리했다. 그 후 추기경이 되었고 위대한 사업의 기초를 놓기 시작했다.

- **뤼송 Lucon 주교** : 아르망 장 드 플레시 Armand Jean de Plessis(1585~1642)는 1607년에 뤼송 주교가 되었고, 1622년에 리슐리외 추기경이 되었다. 루이 13세의 수상인 앙크르 원수(Concino Concini) 및 황태후 Marie de Medicis와 긴밀한 관계를 유지했다. 뤼인느 공작은 국왕의 승인을 받아 앙크르 원수를 암살했다. 황태후가 블루아에 유배되고 리슐리외도 따라갔다. 그 후 여러 해 동안 점진적으로 국왕의 총애를 회복하여 1624년에 수상이 되었다.
- **네베르 주교** : 유스타슈 Eustache du Lys는 1643년에 죽었다.
- **요셉 신부** : 카푸치노 수도회 소속인 프랑수아 Francois Leclerc du Tremblay(1577~1638)는 리슐리외의 가장 가까운 심복이었다.
- **빌러루아** : 국무장관 니콜라 Nicolas de Neufville(1542~1617)
- **장낭 의장** : 디종 의회의 전직 의장인 피에르 장낭 Pierre Jeannin(1540~1622)
- **퐁드세 Pont-de-Ce 사태** : 루이 13세의 군대가 1620년 8월 7일 퐁드세에서 황태후의 군대를 격파했다. 리슐리외의 역할은 불분명하다.

#23 아르쿠르 백작

운명이 사람들의 가치를 높이거나 낮추는 것은 어느 시대에나 흔하게 볼 수 있는 일이다. 국왕들이 화폐의 가치를 결정하듯이 운명이 자기 마음대로 사람들의 장점의 가치를 결정하여 세상에 그대로 통용되게 만드는 자신의 권리를 보여주는 예는 수없이 많다.

운명이 콩데Conde 공과 튀렌Turenne 원수의 탁월한 재능을 이용하여 사람들이 그것을 경탄하게 만들었다면 그 재능의 가치를 존중한 것처럼 보인다. 운명은 전적으로 정당하지 않다 해도 그들 재능의 가치를 인정하지 않을 수는 없었다.

그러나 운명이 평범한 사람들을 선택하여 가장 위대한 인물들과 동등하게 만들 때에는 자신의 모든 힘을 보여주고 싶어 한다고 말할 수 있다. 아르쿠르 백작Comte d' Harcourt을 알고 지냈던 사람들은 내 말에 동의할 것이며 그가 운명이 그린 걸작임도 알게 될 것이다. 운명은 그가 군사적 영광 면에서 가장 유명한 군사 지도자들과 비교될 가치가 있는 인물로 후세의 평가를 받기를 바란다. 후세는 가장 어렵고 영광스러운 임무들을 수행하는 데 있어서 그가 누린 행운을 볼 것이다. 레랭Lerins제도, 카살Casale, 키에리Chieri 가의 전투, 토리노 포위, 카탈로니아 전투 등에서 거둔 수많은 승리의 연속은 후세에 감명을 줄 것이다.

자연이 설정해 준 거리는 서로 멀다 해도 아르쿠르 백작의 영광은 콩데 공이나 튀렌 원수의 영광에 필적할 것이다. 그의 영광은 역사에서 그들의 영광과 동일한 비중을 차지할 것이다. 또한 오로지 행운 덕분에만 그가 공적을 세웠다고 우리가 오늘 알고 있는 것을 후세에는 누구나 그의 재능 덕분이라고 말할 것이다.

- 아르쿠르 백작 Comte d'Harcourt(1601~1666) : 아르쿠르 백작인 앙리 Henri de Lorraine은 1637년부터 1645년까지 스페인과 사보이를 상대로 싸웠다. 프롱드 내란 때에는 루이 14세를 지지하여 콩데 공과 라 로슈푸코를 상대로 싸웠다.
- 콩데 Conde 공(1621~1686)과 튀렌 원수(1611~1675) : 당시 프랑스의 가장 유명한 군사 지도자들이다.

라 로슈푸코 연보 La Rochefoucauld

1613년	라 로슈푸코 공작 가문의 장남으로 9월 15일 프랑스 파리에서 태어났다.
1628년(15세)	앙드레 드 비본느Andree de Vivonne와 1월 20일 결혼, 8명의 자녀를 두었다.
1629년(16세)	이탈리아 원정에 참가하여 연대장이 되었다. 아버지가 국왕에 대한 음모에 연루되어 총독 직에서 파면되고 유배되자 라 로슈푸코도 연대장 직책을 사임했다.
1630년(17세)	루이 13세와 왕비의 신임을 받아 궁정에 돌아갔다.
1634년(21세)	장남이 태어났다.
1635년(22세)	불확실한 정치적 이유로 파리에서 잠시 추방되었다.
1636년(23세)	세르뵈즈Cherveuse 공작부인(35세)과 연애했다.
1637년(24세)	왕비파인 세르뵈즈 공작부인의 음모에 가담했기 때문에 11월 바스티유 감옥에 1주일 동안 갇혔다가 베르뇌이유Verneuil에 2년 동안 유배되었다.
1642년(29세)	리슐리외 추기경이 죽고 마자랑 추기경이 수상이 되었다.
1643년(30세)	루이 13세가 죽고 어린 루이 14세가 즉위했다.
1646~51년(33~38세)	콩데Conde 공의 여동생 롱그빌Longueville 공작부인과 연애했다.
1649~52년(36~39세)	프롱드 내전 때 콩데 공을 지지하여 마자랑 추기경과 루이 14세를 상대로 싸웠다.
1649년(36세)	마자랑 추기경을 적대하는 자기 입장을 옹호하는 글

	을 썼다.
	파리가 포위되었을 때 라니Lagny에서 중상을 입었다.
1650년(37세)	아버지가 죽었다.
1652년(39세)	포부르 생탄투와느Faubourg Saint-Antoine 전투에서 중상을 입고 한 때 실명했다.
	루이 14세가 파리에 귀환하여 반란군을 일괄 사면했다.
1653년(40세)	'회고록'을 집필하기 시작했다.
1655년(42세)	막내아들 알렉상드르가 4월에 태어났다.
1657~58년(44~45세)	라 로슈푸코, 자크 에스프리Jacques Esprit, 마담 사블레Madame de Sable가 잠언들을 쓰기 시작했다.
1659년(46세)	'라 로슈푸코가 말하는 자기 자신'이 1월 25일에 익명으로 출판되었다.
	그의 '잠언집'이 익명으로 처음 출판되었다.
1662년(49세)	그의 '회고록'의 해적판이 네덜란드에서 출판되어 물의를 일으켰고 그는 자신의 저작이 아니라고 선언했다.
1663~64년(50~51세)	그의 '잠언집'의 해적판이 네덜란드에서 출판되었다.
1664년(51세)	그의 '잠언집' 결정판이 출판되었다.
1669년(53세)	라 파이에트La Fayette 부인, 장 드 세그레Jean de Segrais, 라 로슈푸코가 공동으로 집필한 소설 '자이드Zayde'의 제1부가 출판되었다.
1670년(57세)	그의 아내가 죽었다.
1671년(58세)	소설 '자이드'의 나머지가 출판되었다.
1673~74년(60~61세)	'성찰'을 집필하기 시작했다.
1675년(62세)	'레츠 추기경'을 썼다.
1680년(67세)	지병인 통풍으로 3월 16일에 파리에서 죽었다.
1731년	그의 유고가 정리되어 '성찰'이 출판되었다.

내용별 상세항목 찾아보기

• 참고: '1-1'은 '제1부 1'을 가리킨다.

가능 1-243
감사 1-223, 1-298, 1-438, 2-77
감정 1-255, 3-61
감탄 1-294
거리 1-104
거짓말 1-63
건강 1-188, 2-81, 3-44
게으름 1-266, 1-398, 1-487, 2-60, 2-72, 3-14
격언 3-8, 3-21
결점 1-31, 1-154, 1-155, 1-184, 1-190, 1-251, 1-290, 1-319, 1-327, 1-354, 1-403, 1-410, 1-411, 1-424, 1-428, 1-442, 1-462, 1-493, 1-494, 2-5, 2-39, 2-83, 3-16, 3-23, 3-27, 3-48
결함 1-112, 1-194
결혼 1-113
겸손 1-254, 1-358, 1-495, 2-29, 3-37, 3-40
경건함 1-427, 3-37
경솔 1-179, 1-498, 2-69

계획 1-160, 1-161
고립 3-63
고상함 1-399, 1-400, 1-401
고위직 1-449
고지식함 1-413, 1-414
고행 3-39
공포심 1-215, 1-370, 2-14, 3-9, 3-25
관대함 1-246, 1-263
교섭 1-278
교육 1-261, 2-58
교제 1-90
교태 1-107, 1-241, 1-277, 1-332, 1-334, 1-349, 1-376, 1-406, 1-418, 2-82
교훈 1-93
구원 1-341
군주 2-58, 2-73
군주의 관대함 1-15, 1-16
굴욕 1-272
권력자 3-45
권태 1-141, 1-172, 1-304, 1-352,

3-31, 3-58
귀족 3-18, 3-65
규범 2-23
기억력 1-89, 1-313
기질 1-7, 1-45, 1-47, 1-61, 1-292,
　　　1-297, 1-414, 1-435, 1-488, 2-7
기회 1-345, 1-453

나약함 1-130, 1-445, 1-477, 1-479
남녀관계 1-77
노년기 1-210, 1-222, 1-423, 1-430,
　　　1-461, 3-64
노동 3-38
노인 1-93, 1-408, 1-416, 1-418, 4-15
놀라움 1-384
농담 3-36
눈물 1-233, 1-373
능력 1-419

단호함 1-477, 1-479
대담성 1-217, 2-44
대책 1-288
대화 1-139, 1-421, 4-4

도외시 1-454
동기 1-163
동물 4-11
동정심 1-264, 1-463, 1-475

마음 1-43, 1-98, 1-102, 1-103, 1-108,
　　　1-318, 1-340
말 1-137, 1-142, 3-33
망각 2-28
망상 2-22
매력 1-240
매정함 1-204, 1-333
멸시 1-322
명성 1-94
명예 1-268
모방 1-230
모범 4-7
모순 1-478
모욕 1-14
모조품 1-133, 2-47
무례함 1-372, 1-429
무죄 1-465
미덕 1-1, 1-25, 1-169, 1-171, 1-186,
　　　1-187, 1-189, 1-200, 1-380,
　　　1-489, 2-30, 2-37, 2-38, 2-61,
　　　2-75, 3-8, 3-51

미모 1-474, 1-497
미숙함 1-405

바보 1-87, 1-92, 1-414, 1-444, 1-451, 1-456
박해 1-29
반대 1-234
배신 1-114, 1-120, 1-126, 1-360, 1-429, 2-70
배은망덕 1-14, 1-96, 1-226, 1-299, 1-306
범죄 1-183, 1-465, 2-41, 2-76
법칙 1-346
변덕 1-45, 1-51, 1-175, 1-181, 1-498, 2-69, 4-17
보은 1-224, 1-226
본보기 1-230
부부 3-50
부재중 1-276
부정(不貞) 1-359
분노 2-34
불만 1-385
불명예 1-235, 1-326
불신 1-84, 1-86, 1-315, 1-360, 2-51
불운 1-24, 1-25, 1-339, 1-420, 1-464, 3-17

불의 2-16
불행 1-49, 1-50, 1-59, 1-61, 1-174, 1-183, 1-264, 1-325, 2-8, 2-9, 2-10, 3-4, 3-15, 3-54
비겁 1-370, 1-420, 1-480, 3-65
비난 1-147, 1-375, 3-32
비밀 2-71
비방 1-148, 1-483
빛 1-223, 1-228, 1-299

사건 4-19
사교(社交) 4-2
사람 1-436, 3-11, 3-20, 3-23, 3-41, 3-53, 4-11
사랑 1-68, 1-69, 1-70, 1-71, 1-72, 1-74, 1-75, 1-76, 1-77, 1-81, 1-136, 1-259, 1-262, 1-277, 1-286, 1-321, 1-335, 1-336, 1-348, 1-349, 1-351, 1-353, 1-369, 1-371, 1-374, 1-402, 1-417, 1-418, 1-422, 1-430, 1-440, 1-441, 1-459, 1-466, 1-471, 1-473, 1-490, 1-500, 1-501, 2-13, 2-19, 2-62, 2-63, 2-64, 2-65, 2-66, 2-69, 2-70, 3-49, 3-51, 3-56, 3-59, 4-6, 4-9

사리사욕 1-39, 1-40, 1-85, 1-232,
    1-275, 1-305, 1-390, 1-486,
    2-30, 3-28
사별 1-355, 1-362, 2-78
사소한 일 1-41, 1-357, 2-7
사치 2-57
사투리 1-342
상식 1-67
상이함 1-135, 3-20
상인 1-223
상처 1-363
새로운 것 1-274, 1-426
생존 1-221
선량함 1-275, 1-365, 2-49
선악 2-40
선의 2-48
선행 1-121, 1-365
섬세함 1-128
섭리 2-43
성가시다 1-242
성교 1-131
성향 1-252
세련됨 1-128
소원 1-295, 1-439, 1-469, 2-12, 3-22
속물 1-393
속임수 1-114, 1-115, 1-117, 1-118,
    1-127, 1-129, 1-350, 1-395,
    1-407, 1-434, 3-12
솔직함 1-62, 1-316, 1-383, 1-457

솜씨 1-244, 1-245, 1-404
수치 1-446
순진함 1-289
술책 1-124, 1-125, 1-126, 2-48, 3-2
슬픔 1-232, 1-233
습관 1-426
승리 2-45
시기심 1-28, 1-476, 1-486
식이요법 2-81
신뢰 1-365, 1-366, 1-421, 1-475,
    2-52, 4-5
신의 1-223
신임 1-239
신중함 1-65, 1-182, 3-49
실력 1-95
심성 1-448, 1-502
싸움 1-496

아내 1-364
아량 1-248, 1-285, 2-56
아름다움 2-54, 2-55, 4-1
아첨 1-152, 1-158, 1-329, 2-33
악덕 1-182, 1-186, 1-187, 1-189,
    1-191, 1-192, 1-195, 1-273,
    1-380, 2-30
악인 1-284, 3-6

악행 1-197, 1-267, 1-269
안식 2-68
애인 1-111, 1-312, 1-395, 1-396, 2-82, 3-26, 3-48
야망 1-91, 1-293, 1-490
야심가 3-1
약속 1-38
약자 1-316
어리석음 1-207, 1-208, 1-209, 1-210, 1-300, 1-309, 1-310, 1-311, 1-318, 1-326, 1-340, 1-387, 1-414, 1-415, 1-416, 2-25, 3-41
엄숙 1-257
역사적 사건 4-19
연애 1-402
열정 1-5, 1-6, 1-7, 1-8, 1-9, 1-10, 1-11, 1-12, 1-27, 1-122, 1-188, 1-259, 1-262, 1-266, 1-334, 1-341, 1-404, 1-422, 1-443, 1-460, 1-471, 1-477, 1-484, 1-485, 2-2, 3-23, 3-30
영리함 1-199, 1-394, 3-5
영예 1-157, 1-169, 1-198, 1-221, 1-268, 1-270
영웅 1-24, 1-53, 1-185
영혼 2-13, 3-44
예의 1-67, 1-260, 1-447, 2-57
오만 1-33, 1-34, 1-35, 1-36, 1-37, 1-254, 1-281, 1-358, 1-450, 1-462, 1-463, 1-472, 2-6, 2-20, 2-23, 2-56
완고함 1-265
완전함 2-54
외견 1-302
외도 4-15
외모 1-256, 4-3
욕망 1-213, 3-43
용기 1-1, 1-213, 1-214, 1-215, 1-216, 1-217, 1-220, 1-221, 1-365, 2-44, 2-46
용서 1-330, 1-428, 1-429
우연 1-57, 1-58
우정 1-80, 1-81, 1-83, 1-85, 1-410, 1-440, 1-441, 1-473, 2-73, 3-62
운명 1-45, 1-47, 1-52, 1-53, 1-60, 1-61, 1-153, 1-154, 1-323, 1-343, 1-380, 1-392, 1-435, 2-11, 4-14
웅변 1-8, 1-249, 1-250, 2-79
원죄 3-24
위선 1-218, 1-233
위인 1-24, 1-190, 1-343, 2-35, 3-1
위장 1-119, 1-289
위조화폐 1-158
위험 1-219
유령 1-76
유사성 3-20
유행 3-32

유행가 1-211
육체 1-44, 1-67, 2-13, 3-44
은퇴 4-18
의욕 1-30
의심 1-348, 2-41
이기심 1-2, 1-3, 1-4, 1-13, 1-83,
　　　　1-88, 1-228, 1-236, 1-247,
　　　　1-253,1-261, 1-262, 1-339, 2-1,
　　　　2-17, 2-19, 2-33, 3-24, 3-28,
　　　　3-30, 3-35
이성 1-42, 1-154
이야기 1-314, 1-364
이익 1-246, 1-268
인기 1-212
인내 1-19, 1-177
인색 1-167
인생 1-46, 1-405, 4-9
일 1-66, 1-101, 1-164
일시적 1-211

자아도취 1-500
자만심 1-92, 1-123, 1-152, 1-201, 1-
　　　　307, 1-350, 1-452, 2-50
자연 1-36, 1-53, 1-153, 4-14
자연스러움 1-431
자제 1-17, 1-18

자존심 1-228, 1-234
자책 3-57
자화상 4-23
잔인함 2-36
잘못 1-196, 1-386
장례식 2-42
장점 1-29, 1-50, 1-251, 1-337, 1-365,
　　　1-452, 1-462
재능 1-134, 1-153, 1-155, 1-156,
　　　1-159, 1-162, 1-164, 1-165,
　　　1-166, 1-291, 1-379, 1-400,
　　　1-401, 1-404, 1-415, 1-437,
　　　2-27, 2-67, 3-10
재물 1-54
재산 1-212, 1-301, 1-323, 3-3
재치 1-140, 1-502
전형 4-14
절교 1-351
절약 1-167
절제 1-293, 1-308, 2-3, 2-4, 2-26
젊음 1-271, 1-372
정복 2-76
정사(情事) 1-73, 1-499, 4-15, 4-20
정숙함 1-1, 1-205, 1-220, 1-367,
　　　　1-368, 2-37, 3-55
정신 1-43, 1-44, 1-67, 1-97, 1-98,
　　　1-99, 1-100, 1-101, 1-102,
　　　1-103, 1-108, 1-112, 1-194,
　　　1-482, 2-13, 4-16

정의 1-78, 2-14, 2-15
정직 1-170, 1-202, 1-203, 1-206, 3-66
정치가 1-7
존경 1-165, 1-296
죽음 1-23, 1-26, 1-504
죽음에 대한 경멸 1-21, 2-59, 3-12
증오 1-29, 1-328, 1-338
지배 1-151
지식 1-106, 1-482
지위 1-56
지혜 1-323, 3-44
진실 2-54, 3-12, 4-1
질병 1-193, 4-12
질책 1-148
질투 1-7, 1-27, 1-28, 1-32, 1-280, 1-281, 1-324, 1-328, 1-359, 1-361, 1-376, 1-406, 1-433, 1-446, 1-472, 1-503, 3-19, 3-50, 4-8

처벌 2-49
철학 1-22
철학자 1-46, 1-54, 2-23, 2-59, 3-3, 3-13
총애 1-55

추기경 4-21
충고 1-110, 1-116, 1-283, 1-378
충실 1-247, 1-331, 1-381
취향 1-109, 1-252, 1-258, 1-379, 1-390, 4-10
치료법 1-288, 1-459
친구 1-84, 1-88, 1-178, 1-179, 1-235, 1-279, 1-426, 1-427, 1-434, 2-17, 2-18, 2-78, 3-47
친밀함 3-35
친절 1-481
칭송 1-272, 1-320
칭찬 1-98, 1-143, 1-144, 1-145, 1-146, 1-147, 1-148, 1-149, 1-150, 1-280, 1-303, 1-356, 1-432, 2-29, 2-31, 2-32, 3-29, 3-32, 3-57
침묵 1-79

탐욕 1-66, 1-491, 1-492
태도 4-3
통곡 1-362
통찰력 1-287, 1-377, 1-425, 2-80
특질 1-344, 1-433, 1-468, 1-470, 2-27

ㅍ

판단 1-104, 1-212, 1-455, 1-458
판단력 1-89, 1-97, 2-21
판사 2-15
편파성 1-347
평가 1-436, 1-437
평범함 1-375
평판 1-268, 1-412

ㅎ

합리적 인간 1-105, 1-139
해결책 1-287
해치다 1-238
행동 1-160, 1-161, 1-163, 1-382,
    1-409
행복 1-48, 1-49, 1-61, 1-259, 2-8,
    2-9, 3-1, 3-15, 3-42, 3-46, 3-54
행운 1-25, 1-59, 1-165, 1-227, 1-339,
    1-391, 1-449, 1-464, 3-17, 4-23
허영 1-33, 1-137, 1-158, 1-200,
    1-232, 1-388, 1-389, 1-443,
    1-446, 1-467, 2-39, 3-7
허위 1-64, 1-282, 4-13
험담 1-138
혁신 2-53
현명 1-132, 1-147, 1-210, 1-231,
    2-24, 3-41, 3-52
혜택 1-224, 1-229, 1-264, 1-306,
    1-317, 3-60
호기심 1-173
호의 1-237
화해 1-82
확고부동 1-20, 1-21, 1-175, 1-176
후회 1-180
훈계 1-37
희망 1-168, 3-25
힘 3-34

독자 자신이 말하는 자기 성찰